大数据时代高校教育管理研究

赵小芳 张 东 张 辉 著

天津出版传媒集团
天津科学技术出版社

图书在版编目（CIP）数据

大数据时代高校教育管理研究 / 赵小芳，张东，张辉著. -- 天津 : 天津科学技术出版社，2023.6

ISBN 978-7-5742-1340-1

Ⅰ.①大… Ⅱ. ①赵… ②张… ③张… Ⅲ. ①高等教育－教育管理－研究－中国 Ⅳ. ①G649.2

中国国家版本馆CIP数据核字(2023)第113715号

大数据时代高校教育管理研究

DASHUJU SHIDAI GAOXIAO JIAOYU GUANLI YANJIU

责任编辑： 陶 雨

出版： 天津出版传媒集团
天津科学技术出版社

地址：天津市西康路 35 号

邮编：300051

电话：（022）23332400

网址：www.tjkjcbs.com.cn

发行：新华书店经销

印刷：北京宝莲鸿图科技有限公司

开本 787×1092 1/16 印张 11 字数 230 000

2023年6月第1版第1次印刷

定价：74.00 元

前 言

将大数据技术和理念引入高校教育管理领域是国家发展战略、教育客观规律、成长规律的现实需求,“以数据驱动教育”有利于提升高校教育管理的及时性、前瞻性、个性化、互动性等。高校应顺应时代潮流,树立高校教育管理大数据观念,改造和升级高校现有数据平台,提升教育管理工作者数据效率,构建教育管理大数据安全体系,以便全面提升高校教育管理水平,有力推动我国高等教育事业的结构转型升级。高校教育管理通常是指在高等教育过程中,借助相应的管理手段和技术,对诸如师资、资金、场馆、设备等教育资源进行统筹管理,进而有效提升高等教育资源的利用效率,从而更好地提升高校教育管理水平。

随着大数据的逐步应用,教育的管理模式也产生了相应的变化。在原有的管理模式中,通常会对可能发生的所有事情都做了提前准备,。现在的教育模式,可以通过数据对危机进行预测,通过一系列的平台对行为进行监视。例如,各种社交软件都可以了解到一些和学生们有关的信息,知道他们的想法,并且及时地对学生进行针对性的教育。这样管理者就不会一直处于被动状态,并且也可以及时地对危机进行处理,尽可能减少损失,提高管理质量和效率。

教育管理是双向的,它需要两方进行互动才能起到更好的作用。原有的教学管理模式是单向的,管理者没有考虑到被管理者的想法,站在了主导地位,降低了被管理者的积极性。如今的大学生们都有自己的独特个性和想法,因此,在进行管理的时候要考虑到他们的想法,和他们进行互动。学校在对教育进行管理的时候,需要不断地调整自己的管理模式,寻找到一个适合自己的模式进行管理。

为了提升本书的学术性与严谨性,在撰写过程中,笔者参阅了大量的文献资料,引用了诸多专家学者的研究成果,因篇幅有限,不能一一列举,在此一并表示最诚挚的感谢。由于时间仓促,加之笔者水平有限,撰写过程中难免出现不足的地方,希望各位读者不吝赐教,提出宝贵意见,以便笔者在今后的学习中加以改进。

目录

第一章　大数据概述

第一节　大数据发展历程

当前，全球大数据正进入加速发展时期，技术产业与应用创新不断迈向新高度。大数据通过数字化丰富要素供给，通过网络化扩大组织边界，通过智能化提升产出效能，不仅是推进网络强国建设的重要领域，更是新时代加快实体经济质量变革、效率变革、动力变革的战略依托。本节聚焦近期大数据各领域的进展和趋势，梳理主要问题并进行展示。在技术方面，重点探讨了近两年最新的大数据技术及其融合发展趋势；在产业方面，重点讨论了中国大数据产品的发展情况；在数据资产管理方面，介绍了行业数据资产管理、数据资产管理工具的最新发展情况，并着重探讨了数据资产化的关键问题；在安全方面，从多种角度分析了大数据面临的安全问题和如何利用技术问题。

一、国际大数据发展概述

2019 年以来，全球大数据技术、产业、应用等多方面的发展呈现了新的趋势，也正在进入新的阶段。本章将对国外大数据战略、技术、产业等领域的最新进展进行简要叙述。

（一）大数据战略持续拓展

相较于几年前，2019 年国外大数据发展在政策方面略显平淡，只有美国的《联邦数据战略第一年度行动计划（Federal Data Strategy Year-1 Action Plan）》草案比较受关注。2019 年 6 月 5 日，美国发布了《联邦数据战略第一年度行动计划》草案，这个草案包含了每个机构开展工作的具体可交付成果，以及由多个机构共同协作推动的政府行动，旨在编纂联邦机构如何利用计划、统计和任务支持数据作为战略资产来发展经济、提高联邦政府的效率、促进监督和提高透明度等。

相对于之前颁布的《联邦大数据研发战略计划》，美国对于数据的重视程度继续提升，并出现了聚焦点从“技术”到“资产”的转变，其中更是着重提到了金融数据和地理信息数据的标准统一问题。此外，配套文件中“共享行动：政府范围内的数据服务”成为亮点，针对数据跨机构协同与共享，从执行机构到时间节点都进行了战略部署。

（二）大数据底层技术逐步成熟

近年来，大数据底层技术发展呈现出逐步成熟的趋势。在大数据发展初期，技术方案主要聚焦于解决数据“大”的问题，Apache Hadoop 定义了最基础的分布式批处理架构，打破了传统数据库一体化的模式，将计算与存储分离，聚焦于解决海量数据的低成本存储与规模化处理。Hadoop 凭借其友好的技术生态和扩展性优势，一度对传统大规模并行处理（Massively Parallel Processor，MPP）数据库的市场造成影响。但当前 MPP 在扩展性方面不断突破，使得 MPP 在海量数据处理领域又重新获得了一席之位。

MapReduce 暴露的处理效率问题以及 Hadoop 体系庞大复杂的运维操作，推动计算框架不断进行着升级改造。随后出现的 Apache Spark 已逐步成为计算框架的事实标准。在解决了数据“大”的问题后，数据分析时效性的需求愈发突出，Apache Flink、Kafka Streams、Spark Structured Streaming 等近年来备受关注的产品为分布式流处理的基础框架打下了基础。在此基础上，大数据技术产品不断分层细化，在开源社区形成了丰富的技术栈，覆盖存储、计算、分析、集成、管理、运维等各个方面。据统计，目前大数据相关开源项目已达上百个。

（三）大数据企业加速整合

近年来，国际具有影响力的大数据公司也遭遇了一些变化。2018 年 10 月，美国大数据技术巨头 Cloudera 和 Hortonworks 宣布合并。在 Hadoop 领域，两家公司的合并意味着“强强联手”，而在更加广义的大数据领域，则更像是“抱团取暖”。但毫无疑问，至少可以帮助两家企业结束近十年的竞争，并且依靠垄断地位早日摆脱长期亏损的窘况。而从第三方的角度来看，这无疑会影响整个 Hadoop 的发展。开源大数据目前已经成为互联网企业的基础设施，两家公司合并意味着 Hadoop 的标准将更加统一，长期来看新公司的盈利能力也将大幅提升，并将更多的资源用于新技术的投入。从体量和级别上来看，新公司将基本代表 Hadoop 社区，其他同类型企业将很难与之竞争。

2019 年 8 月，惠普（HPE）收购大数据技术公司 MapR 的业务资产，包括

MapR 的技术、知识产权以及多个领域的业务资源等。MapR 创立于 2009 年，属于 Hadoop 全球软件发行版供应商之一。专家普遍认为，企业组织越来越多以云服务形式使用数据计算和分析产品是使得 MapR 需求减少的主要原因之一。用户需求正从采购以 Hadoop 为代表的平台型产品，转向结合云化、智能计算后的服务型产品。这也意味着，全球企业级 IT 厂商的战争已经进入一个新阶段，即满足用户从平台产品到云化服务，再到智能解决方案的整体需求。

（四）数据合规要求日益严格

近年来，各国在数据合规性方面的重视程度越来越高，但数据合规的进程仍任重道远。2019 年 5 月 25 日，旨在保护欧盟公民的个人数据、对企业的数据处理提出了严格要求的《通用数据保护条例》（GDPR）实施满一周年，数据保护相关的案例与公开事件数量攀升，同时也引起了诸多争议。

牛津大学的一项研究发现，GDPR 实施满一年后，未经用户同意而设置的新闻网站上的 Cookies 数量下降了 22%。欧盟 EDPB 的报告显示，GDPR 实施一年以来，欧盟当局收到了约 145000 份数据安全相关的投诉和问题举报；共判处 5500 万欧元行政罚款。苹果、微软、Twitter、WhatsApp、Instagram 等企业也都遭到调查或处罚。

GDPR 正式实施之后，带来了全球隐私保护立法的热潮，并成功引起了社会各领域对于数据保护的重视。例如，2020 年 1 月起，美国加州消费者隐私法案（CCPA）正式生效。与 GDPR 类似，CCPA 将对所有和美国加州居民有业务的数据商业行为进行监管。CCPA 在适用监管的标准上比 GDPR 更宽松，但是一旦满足被监管的标准，违法企业受到的惩罚更重。2019 年 8 月份，IAPP（世界上信息隐私方面的专业协会）OneTrust（第三方风险技术平台）对部分美国企业进行了 CCPA 准确度调查，结果显示，74% 的受访者认为他们的企业应该遵守 CCPA，但只有大约 2% 的受访者认为他们的企业已经完全做好了应对 CCPA 的准备。除加州 CCPA 外，更多的法案正在美国纽约州等多个州陆续生效。

二、融合成为大数据技术发展的重要特征

当前，大数据体系的底层技术框架已基本成熟。大数据技术正逐步成为支撑型的基础设施，其发展方向也开始向提升效率转变，逐步向个性化的上层应用聚焦，技术的融合趋势愈发明显。本章将针对当前大数据技术的几大融合趋势进行探讨。

（一）算力融合：多样性算力提升整体效率

随着大数据应用的逐步深入，场景愈发丰富，数据平台开始承载人工智能、物联网、视频转码、复杂分析、高性能计算等多样性的任务负载。然而，数据复杂度不断提升，以高维矩阵运算为代表的新型计算范式具有粒度更细、并行更强、高内存占用、高带宽需求、低延迟高实时性等特点，以 CPU 为底层硬件的传统大数据技术无法有效满足新业务需求，则会出现性能瓶颈。

当前，以 CPU 为调度核心，协同 GPU、FPGA、ASIC 及各类用于 AI 加速"xPU"的异构算力平台成为行业热点解决方案，以 GPU 为代表的计算加速单元能够极大提升新业务计算效率。不同硬件体系融合存在开发工具相互独立、编程语言及接口体系不同、软硬件协同缺失等工程问题。因此，产业界试图从统一软件开发平台和开发工具的层面来实现对不同硬件底层的兼容。例如 Intel 公司正在设计支持跨多架构（包括 CPU、GPU、FPGA 和其他加速器）开发的编程模型 oneAPI，它提供一套统一的编程语言和开发工具集，来实现对多样性算力的调用，从根本上简化开发模式，针对异构计算形成一套全新的开放标准。

（二）流批融合：平衡计算性价比的最优解

流处理能够有效处理即时变化的信息，从而反映出信息热点的实时动态变化，而离线批处理则更能够体现历史数据的累加反馈。考虑到对于实时计算需求和计算资源之间的平衡，商业界很早就有了 lambda 架构的理论来支撑批处理和流处理共同存在的计算场景。随着技术架构的演进，流批融合计算正在成为趋势，并不断在向更实时更高效的计算推进，以支撑更丰富的大数据处理需求。

流计算的产生来源于对数据加工时效性的严苛要求。数据的价值随时间流逝而降低时，我们就必须在数据产生后尽可能快地对其进行处理，比如实时监控、风控预警等。早期流计算开源框架的典型工具是 Storm，虽然它是逐条处理的典型流计算模式，但并不能满足"有且仅有一次（Exactly-once）"的处理机制。之后的 Heron 在 Storm 上做了很多改进，但相应的社区并不活跃。同期的 Spark 在流计算方面先后推出了 Spark Streaming 和 Structured Streaming，以微批处理的方式实现流式计算。而近年来出现的 Apache Flink，则使用了流处理的思想来实现批处理，很好地实现了流批融合的计算，国内包括阿里、腾讯、百度、字节跳动等，国外包括 Uber、Lyft、Netflix 等公司都是 Flink 的使用者。2017 年由伯克利大学 AMPLab 开源的 Ray 框架也有相类似的思想，由一套引擎来融合多种计算模式，蚂蚁金服基于此框架正在进行金融级在线机器学习的实践。

（三）TA融合：混合事务/分析支撑即时决策

TA融合是指事务（Transaction）与分析（Analysis）的融合机制。在数据驱动精细化运营的今天，海量实时的数据分析需求无法避免。分析和业务是强关联的，但由于这两类数据库在数据模型、行列存储模式和响应效率等方面的区别，通常会造成数据的重复存储。事务系统中的业务数据库只能通过定时任务同步导入分析系统，这就导致了数据时效性不足，无法实时地进行决策分析。

混合事务/分析处理（HTAP）是Gartner提出的一个架构，它的设计理念是为了打破事务和分析之间的“墙”，实现在单一的数据源上不加区分地处理事务和分析任务。这种融合的架构具有明显的优势，可以避免频繁的数据搬运操作给系统带来的额外负担，减少数据重复存储带来的成本，从而及时高效地对最新业务操作产生的数据进行分析。

（四）模块融合：一站式数据能力复用平台

大数据的工具和技术栈已经相对成熟，大公司在实战经验中围绕工具与数据的生产链条、数据的管理和应用等逐渐形成了能力集合，并通过这一概念来统一数据资产的视图和标准，提供通用数据的加工、管理和分析等能力。

数据能力集成的趋势打破了原有企业内的复杂数据结构，使数据和业务更贴近，并能更快地使用数据驱动决策。主要针对性地解决三个问题：一是提高数据获取效率；二是打通数据共享的通道；三是提供统一的数据开发能力。这样的“企业级数据能力复用平台”是一个由多种工具和能力组合而成的数据应用引擎、数据价值化的加工厂，来连接下层的数据和上层的数据应用团队，从而形成敏捷的数据驱动精细化运营的模式。阿里巴巴提出的“中台”概念和华为公司提出的“数据基础设施”概念都是模块融合趋势的结果。

（五）云数融合：云化趋势降低技术使用门槛

大数据基础设施向云上迁移是一个重要的趋势。各大云厂商均开始提供各类大数据产品以满足用户需求，纷纷构建自己的云上数据产品。早期的云化产品大部分是对已有大数据产品的云化改造，如今，越来越多的大数据产品从设计之初就遵循云原生的概念进行开发，生于云长于云，更适合云上生态。

向云化解决方案演进的最大优点是用户不用再操心如何维护底层的硬件和网络，能够更专注于数据和业务逻辑，很大程度上降低了大数据技术的学习成本和使用门槛。

（六）数智融合：数据与智能多方位深度整合

大数据与人工智能的融合主要体现在大数据平台的智能化与数据治理的智能化。

智能的平台：用智能化的手段来分析数据是释放数据价值高阶之路，但用户往往不希望在两个平台间不断的搬运数据，这促成了大数据平台和机器学习平台深度整合的趋势，大数据平台在支持机器学习算法之外，还将支持更多的AI类应用。Databricks为数据科学家提供一站式的分析平台Data Science Workspace，Cloudera也推出了相应的分析平台Cloudera Data Science Workbench。2019年年底，阿里巴巴基于Flink开源了机器学习算法平台Alink，并已在阿里巴巴搜索、推荐、广告等核心实时在线业务中有广泛应用。

智能的数据治理：数据治理的输出是人工智能的输入，即经过治理后的大数据。AI数据治理，是通过智能化的数据治理使数据变得智能：通过智能元数据感知和敏感数据自动识别，对数据自动分级分类，形成全面统一的数据视图。通过智能化的数据清洗和关联分析，把关数据质量，建立数据血缘关系。数据能够自动具备类型、级别、血缘等标签，在降低数据治理复杂性和成本的同时，得到智能数据。

三、大数据产业蓬勃发展

近年来，中国大数据产业蓬勃发展，融合应用不断深化，数字经济质量提升，对经济社会的创新驱动、融合带动作用显著增强。本节将从政策环境、主管机构、产品生态、行业应用等方面对中国大数据产业发展的态势进行简要分析。

（一）大数据产业发展政策环境日益完善

产业发展离不开政策支持。中国政府高度重视大数据的发展，自2014年以来，中国国家大数据战略经历了四个不同阶段。

（1）预热阶段：2014年3月，“大数据”一词首次写入政府工作报告，为中国大数据发展的政策环境搭建开始预热。从这一年起，“大数据”逐渐成为各级政府和社会各界的关注热点，中央政府开始提供积极的支持政策与适度宽松的发展环境，为大数据发展创造了机遇。

（2）起步阶段：2015年8月31日，国务院正式印发了《促进大数据发展行动纲要》（国发〔2015〕50号），成为中国发展大数据的首部战略性指导文件，对包括大数据产业在内的大数据整体发展做出了部署，体现出国家层面对大数据发展的顶层设计和统筹布局。

（3）落地阶段：2016年12月，工信部发布《大数据产业发展规划（2016—2020年）》，为大数据产业发展奠定了坚实的基础。

（4）深化阶段：随着国内大数据迎来全面良好的发展态势，国家大数据战略也开始走向深化阶段。2017年10月，党的十九大报告提出推动大数据与实体经济深度融合，为大数据产业的未来发展指明方向。12月，中央政治局就实施国家大数据战略进行了集体学习。2019年3月，政府工作报告第六次提到“大数据”，并且有多项任务与大数据密切相关。

自2015年国务院发布《促进大数据发展行动纲要》系统性部署大数据发展工作以来，各地陆续出台促进大数据产业发展的规划、行动计划和指导意见等文件。可以说，中国各地推进大数据产业发展的设计已经基本完成，陆续进入了落实阶段。大部分省（区、市）的大数据政策集中发布于2016年至2017年。而在近几年发布的政策中，更多的地方将新一代信息技术整体作为考量，并加入了人工智能、数字经济等内容，进一步拓展了大数据的外延。然而，各地在颁布大数据政策时，除注重大数据产业的推进外，也在更多地关注产业数字化和政务服务等方面，这体现出了大数据与行业应用结合及政务数据共享开放近年来取得的进展。

（二）各地大数据主管机构陆续成立

近年来，部分省市陆续成立了大数据局等相关机构，对包括大数据产业在内的大数据发展进行统一管理。

除此之外，上海、天津、江西等省市组建了上海市大数据中心、天津市大数据管理中心、江西省信息中心（江西省大数据中心）等，承担了一部分大数据主管机构的职能。部分省级以下的地方政府也相应组建了专门的大数据管理机构。

（三）大数据技术产品水平持续提升

从产品角度来看，目前大数据技术产品主要包括大数据基础类技术产品（承担数据存储和基本处理功能，包括分布式批处理平台、分布式流处理平台、分布式数据库、数据集成工具等）、分析类技术产品（承担对于数据的分析挖掘功能，包括数据挖掘工具、bi工具、可视化工具等）、管理类技术产品（承担数据在集成、加工、流转过程中的管理功能，包括数据管理平台、数据流通平台等）等，中国在这些方面都取得了一定的发展。

中国大数据基础类技术产品市场成熟度相对较高。一是供应商越来越多，从最早只有几家大型互联网公司发展到目前的近 60 家公司可以提供相应产品，覆盖了互联网、金融、电信、电力、铁路、石化、军工等不同行业；二是产品功能日益完善，根据中国信通院的测试，分布式批处理平台、分布式流处理平台类的参评产品功能项通过率均在 95% 以上；三是大规模部署能力有很大突破，例如阿里云 MaxCompute 通过了 10000 节点批处理平台基础能力测试，华为 GuassDB 通过了 512 台物理节点的分析型数据库基础能力测试；四是自主研发意识不断提高，目前有很多基础类产品源自对于开源产品进行的二次开发，特别是分布式批处理平台、流处理平台等产品九成以上基于已有开源产品开发。

中国大数据分析类技术产品发展迅速，个性化与实用性趋势明显。一是满足跨行业需求的通用数据分析工具类产品逐渐展露，如百度的机器学习平台 Jarvis、阿里云的机器学习平台 PAI 等；二是随着深度学习技术的相应发展，数据挖掘平台从以往只支持传统机器学习算法转变为额外支持深度学习算法以及 GPU 计算加速能力；三是数据分析类产品易用性进一步提升，大部分产品都拥有直观的可视化界面以及简洁便利的交互操作方式等。

中国大数据管理类技术产品还处于市场形成的初期。目前，国内常见的大数据管理类软件有 20 多款。数据管理类产品虽然涉及的内容庞杂，但技术实现难度相对较低，一些开源软件如 Kettle、Sqoop 和 Nifi 等，为数据集成工具提供了开发基础。中国信通院测试结果显示，参照囊括功能全集的大数据管理软件评测标准，所有参评产品符合程度均在 90% 以下。随着数据资产的重要性日益突出，数据管理类软件的地位也将越来越重要，未来将机器学习、区块链等新技术与数据管理需求结合，还有很大的发展空间。

（四）大数据行业应用不断深化

前几年，大数据的应用还主要在互联网、营销、广告等领域。这几年，无论是从新增企业数量、融资规模还是应用热度来说，与大数据结合紧密的行业逐步向工业、政务、电信、交通、金融、医疗、教育等领域广泛渗透，应用逐渐向生产、物流、供应链等核心业务延伸，一大批企业开始应用大数据技术，企业应用大数据的能力逐渐增强。电力、铁路、石化等实体经济领域龙头企业不断完善自身大数据平台建设，持续加强数据治理，构建起以数据为核心驱动力的创新能力，行业应用“脱虚向实”趋势明显，大数据与实体经济融合不断加深。

电信行业方面，电信运营商拥有丰富的数据资源。数据来源涉及移动通话和固定电话、无线上网、有线宽带接入等所有业务，也涵盖线上线下渠道在内的渠道经营相关信息，所服务的客户涉及个人客户、家庭客户和政企客户等。三大运营商2019年以来在大数据应用方面都走向了更加专业化的阶段。电信行业在发展大数据上有明显的优势，主要体现在数据规模大、数据应用价值持续凸显、数据安全性普遍较高。2019年，三大运营商都已经完成了全集团大数据平台的建设，设立了专业的大数据运营部门或公司，开始了数据价值释放的新举措。通过对外提供领先的网络服务能力，深厚的数据平台架构和数据融合应用能力，高效可靠的云计算基础设施和云服务能力，打造数字生态体系，加速非电信业务的变现能力。

金融行业方面，随着金融监管日趋严格，通过金融大数据规范行业秩序并降低金融风险逐渐成为金融大数据的主流应用场景。然而，各大金融机构由于信息化建设基础好、数据治理起步早，使得金融业成为数据治理发展较为成熟的行业。

互联网营销方面，随着社交网络用户数量不断增加，利用社交大数据来做产品口碑分析、用户意见收集分析、品牌营销、市场推广等“数字营销”应用，将是未来大数据应用的重点发展。电商数据直接反映用户的消费习惯，具有很高的应用价值。伴随着移动互联网流量见顶，以及广告主营销预算的下降，如何利用大数据技术帮助企业更高效地触达目标用户成为行业最热衷的话题。“线下大数据”“新零售”的概念日渐火热，但其对于个人信息保护方面容易出现漏洞，也使得合规性成为这一行业发展的核心问题。

工业方面，工业大数据是指在工业领域里，在生产链过程包括研发、设计、生产、销售、运输、售后等各个环节中产生的数据总和。随着工业大数据成熟度的提升，工业大数据的价值挖掘也逐渐深入。目前，各个工业企业已经开始面向数据全生命周期的数据资产管理，逐步提升工业大数据成熟度，深入工业大数据价值挖掘。

能源行业方面，2019年5月，国家电网大数据中心正式成立，该中心旨在打通数据壁垒、激活数据价值、发展数字经济，实现数据资产的统一运营等，推进数据资源的高效使用是传统能源行业拥抱大数据应用的一次机制创新。

医疗健康方面，医疗大数据成为2019年大数据应用的热点方向。2018年7月颁布的《国家健康医疗大数据标准、安全和服务管理办法》为健康行业大数据服务指明了方向。电子病历、个性化诊疗、医疗知识图谱、临床决策支持系统、药品器械研发等成为行业热点。

除以上行业之外，教育、文化、旅游等各行各业的大数据应用都在快速发展。中国大数据的行业应用更加广泛，正加速渗透到经济社会的方方面面。

四、数据资产化步伐稳步推进

（一）数据：从资源到资产

“数据资产”这一概念是由信息资源和数据资源的概念逐渐演变而来的。信息资源是在20世纪70年代计算机科学快速发展的背景下产生的，信息被视为与人力资源、物质资源、财务资源和自然资源同等重要的资源，高效、经济地管理组织中的信息资源是非常必要的。数据资源的概念是在20世纪90年代伴随着政府和企业的数字化转型而产生，是有含义的数据集结到一定规模后形成的资源。数据资产在21世纪初大数据技术的兴起背景下产生，并随着数据管理、数据应用和数字经济等的发展而普及。

中国信通院在2017年将“数据资产”定义为“由企业拥有或者控制的，能够为企业带来经济利益的，以一定方式记录的数据资源”。这一概念强调了数据具备的“预期给会计主体带来经济利益”的资产特征。

（二）数据资产管理理论体系仍在发展

数据管理的概念是伴随着20世纪80年代数据随机存储技术和数据库技术的使用而诞生的，主要指在计算机系统中的数据可以被方便地存储和访问。经过40年的发展，数据管理的理论体系主要形成了国际数据管理协会（DAMA）、IBM和数据管控机构（DGI）所提出的三个流派。

然而，以上三种理论体系都是大数据时代之前的产物，其视角还是将数据作为信息来管理，更多的是为了满足监管要求和企业考核的目的，并没有从数据价值释放的维度来考虑。

在数据资产化背景下，数据资产管理是在数据管理基础上的进一步发展，可以视作数据管理的“升级版”。主要区别表现为以下三方面。一是管理视角不同，数据管理主要关注的是如何解决问题数据带来的损失，而数据资产管理则关注如何利用数据资产为企业带来价值，需要基于数据资产的成本、收益来开展数据价值管理等。二是管理职能不同，传统数据管理的管理职能包含数据标准管理、数据质量管理、元数据管理、主数据管理、数据模型管理、数据安全管理等，而数据资产管理针对不同的应用场景和大数据平台建设情况，增加了数据价值管理和数据共享管理等职能。

三是组织架构不同，在“数据资源管理转向数据资产管理”的理念影响下，相应的组织架构和管理制度也有所变化，需要有更专业的管理队伍和更细致的管理制度来确保数据资产管理的流程性、安全性和有效性等。

（三）各行业积极实践数据资产管理

各行业实践数据资产管理普遍经历 3~4 个阶段。最初，行业数据资产管理主要是为了解决报表和经营分析的准确性，并通过建立数据仓库实现。随后，行业数据资产管理的目的是治理数据，管理对象由分析域延伸到生产域，并在数据库中开展数据标准管理和数据质量管理。随着大数据技术的发展，企业数据逐步汇总到大数据平台，形成了数据采集、计算、加工、分析等配套工具，建立了元数据管理、数据共享、数据安全保护等机制，并进行了数据创新应用。然而，许多行业的数据资产管理已经进入到数据资产运营阶段，数据成为企业核心的生产要素，不仅满足企业内部各项业务创新，还逐渐成为服务企业外部的数据产品。企业也积极开展如数据管理能力成熟度模型（DCMM）等数据管理能力评估工作，不断提升数据资产管理能力。

金融、电信等行业普遍在 2000 年至 2010 年就开始了数据仓库建设（简称数仓建设），并将数据治理范围逐步扩展到生产领域，建立了比较完善的数据治理体系。2010 年后通过引入大数据平台，企业实现了数据的汇聚，并逐渐向数据汇聚发展，内部的数据应用较为完善，不少企业逐渐在探索数据对外运营和服务。

（四）数据资产管理工具百花齐放

数据资产管理工具是数据资产管理工作落地的重要手段。由于大数据技术栈中开源软件的缺失，数据资产管理的技术发展没有可参考的模板，工具开发者多从数据资产管理实践与项目中设计工具架构，各企业数据资产管理需求的差异化使得数据资产管理工具的形态各异。所以，数据资产管理工具市场呈现百花齐放的状态。数据资产管理工具可以是多个工具的集成，并以模块化的形式集中于数据管理平台。

元数据管理工具、数据标准管理工具、数据质量管理工具是数据资产管理工具的核心，数据价值工具是数据资产化的有力保障。中国信通院对数据管理平台的测试结果显示，数据管理平台对于元数据管理工具、数据标准管理工具和数据质量管理工具的覆盖率达到了 100%，这些工具通过追踪记录数据、标准化数据、稽核数据的等关键活动，有效管理了数据，提升了数据的可用性。与此同时，主数据管理工具和数据模型管理工具的覆盖率均低于 20%，其中主数据管理多以解决方案的方式提供服务，而数据模型管理多在元数据管理中实现，或以独立工具在设计数据库或数据仓库阶段完成。超过 80% 的数据价值工具以直接提供数据源的方式进行数据服务，其他的数据服务方式包括数据源组合、数据可视化和数据算法模型等。超过 95% 的数据价值工具动态展示数据的分布应用和存储计算情况，但仅有不到 10% 的工具量化数据价值，并提供数据增值方案。

未来，数据资产管理工具将向智能化和敏捷化发展，并以自助服务分析的方式深化数据价值。Gartner 在 2019 年关于分析与商务智能软件市场的调研报告中显示，该市场在 2018 年增长了 11.7%，而基于自助服务分析的现代商务智能和数据科学平台分别增长了 23.3% 和 19%。随着数据量的增加和数据应用场景的丰富，数据间的关系变得更加复杂，问题数据也隐藏于数据湖中难以被发现。智能化的探索梳理结构化数据间、非结构化数据间的关系将节省巨大的人力，快速发现并处理问题数据也将极大地提升数据的可用性。在数据交易市场尚未成熟的情况下，通过扩展数据使用者的范围，提升数据使用者挖掘数据价值的能力，将最大限度地开发和释放数据价值。

（五）数据资产化面临诸多挑战

目前，困扰数据资产化的关键问题主要包括数据确权困难、数据估值困难和数据交易市场等尚未成熟。

（1）数据确权困难。明确数据权属是数据资产化的前提，但目前在数据权利主体以及权力分配上存在诸多争议。数据权不同于传统物权。物权的重要特征之一是对物的直接支配，但数据权在数据的全生命周期中有不同的支配主体，有的数据产生之初由其提供者支配，有的产生之初便被数据收集人支配（如微信聊天内容、电商消费数据、物流数据等）；在数据处理阶段被各类数据主体所支配。原始数据只是大数据产业的基础，其价值属性远低于集合数据为代表的增值数据所产生的价值。

所以，法律专家们倾向于将数据的权属分开，即不探讨整体数据权，而是从管理权、使用权、所有权等维度进行探讨。而由于数据从法律上目前尚没有被赋予资产的属性，所以数据所有权、使用权、管理权、交易权等权益没有被相关的法律充分认同和明确界定。数据也尚未像商标、专利一样，有明确的权利申请途径、权利保护方式等，对于数据的法定权利，尚未有完整的法律保护体系。

（2）数据估值困难。影响数据资产价值的因素主要有质量、应用和风险三个维度。质量是决定数据资产价值的基础，合理评估数据的质量水平，才能对数据的应用价值进行准确预测；应用是数据资产形成价值的方式，数据与应用场景结合才能贡献经济价值；风险则是指法律和道德等方面存在的问题。

目前，常用的数据资产估值方法主要有成本法、收益法和市场法三类。成本法从资产的重置角度出发，重点考虑资产价值与重新获取或建立该资产所需成本之间的相关程度；收益法基于目标资产的预期应用场景，通过未来产生的经济效益的折现来反映数据资产在投入使用后的收益能力，而根据衡量无形资产经济效益的不同方法又可具体分为权利金节省法、多期超额收益法和增量收益法；市场法则是在相同或相似资产的市场可比案例的交易价格的基础上，对差异因素进行调整，以此反映数据资产的市场价值。

评估数据资产的价值需要考虑多方面因素，数据的质量水平、不同的应用场景和特定的法律道德限制均对数据资产价值有所影响。虽然目前已有从不同角度出发的数据资产估值方法，但在实际应用中均存在不同的问题，有其适用性的范围。构建成熟的数据资产评价体系，还需要以现有方法为基础框架，进一步探索在特定领域和具体案例中的适配方法。

（3）数据交易市场尚未成熟。2014 年以来，国内出现了一批数据交易平台，各地方政府也成立了数据交易机构，包括贵阳大数据交易所、长江大数据交易中心、上海数据交易中心等。同时，互联网领军企业也在积极探索新的数据流通机制，提供了行业洞察、营销支持、舆情分析、引擎推荐、API 数据市场等数据服务，并针对不同的行业提出了相应的解决方案。

但是，由于数据权属和数据估值的限制，以及数据交易政策和监管的缺失等因素，目前国内的数据交易市场尽管在数据服务方式上有所丰富，发展依然面临诸多困难，这阻碍了数据资产化的进程。主要体现在如下两点。一是市场缺乏信任机制，技术服务方、数据提供商、数据交易中介等可能会私下缓存并对外共享、交易数据等，数据使用企业不按协议要求私自留存、复制甚至转卖数据的现象普遍存在。中国各大数据交易平台并未形成统一的交易流程，甚至有些交易平台没有完整的数据交易规范，使得数据交易存在很大风险。二是缺乏良性互动的数据交易生态体系。数据交易中所涉及的采集、传输、汇聚活动日益频繁，相应地组织等多方参与的，法律法规和技术标准多要素协同的，覆盖数据生产流通全过程和数据全生命周期管理的数据交易生态体系。

五、数据安全合规要求不断提升

2019年以来，大数据安全合规方面不断有事件曝出。2019年9月6日，位于杭州的大数据风控平台杭州魔蝎数据科技有限公司被警方控制，高管被带走，相关服务暂时瘫痪。同日，另一家提供大数据风控服务的新颜科技人工智能科技有限公司高管被带走协助调查。以两平台被查为开端，短短一周内，多家征信企业分别有人被警方带走调查，市场纷纷猜测是否与爬虫业务有关。一时间，大数据安全合规的问题，特别是对于个人信息保护的问题，再次成为行业关注热点。

（一）数据相关法律监管日趋严格规范

与全球不断收紧的数据合规政策相类似，中国在数据法律监管方面也日趋严格规范。

当前中国大数据方面的立法呈现出以个人信息保护为核心，包含基本法律、司法解释、部门规章、行政法规等综合框架。一些综合性法律中也涉及了个人信息保护条款。

2019年以来，数据安全方面的立法进程明显加快。中央网信办针对四项关于数据安全的管理办法相继发布征求意见稿，其中，《儿童个人信息网络保护规定》已正式公布，并于2019年10月1日开始施行。一系列行政法规的制定，引起了民众对数据安全的强烈关注。

但不可否认的是，从法律法规体系方面来看，中国的数据安全法律法规仍不够完善，呈现出缺乏综合性统一法律、缺乏法律细节解释、保护与发展协调不够等问题。

（二）数据安全技术助力大数据合规要求落地

数据安全的概念来源于传统信息安全的概念。在传统信息安全中数据是内涵，信息系统是载体，数据安全是整个信息安全的关注重点，信息安全的主要内容是通过安全技术保障数据的秘密性、完整性和可用性等。从数据生命周期的角度区分，数据安全技术包括作用于数据采集阶段的敏感数据鉴别发现、数据分类分级标签、数据质量监控等；作用于数据存储阶段的数据加密、数据备份容灾；作用于数据处理阶段的数据脱敏、安全多方计算、联邦学习；作用于数据删除阶段的数据全副本销毁；作用于整个数据生命周期的用户角色权限管理、数据传输校验与加密、数据活动监控审计等。

当前中国数据安全法律法规重点关注个人信息的保护，大数据行业整体合规也必然将以此作为核心。目前的数据安全技术中有为数不少的技术手段瞄准了敏感数据在处理使用中的防护，例如数据脱敏、安全多方计算、联邦学习等。

对于个人信息的提供和保存要经过匿名化处理，而数据脱敏技术是实现数据匿名化处理的有效途径。应用静态脱敏技术可以保证数据对外发布不涉及敏感信息，然而在开发、测试环境中保证敏感数据集本身特性不变的情况下能够正常进行挖掘分析；应用动态脱敏技术可以保证在数据服务接口能够实时返回数据请求的同时杜绝敏感数据泄露风险。

安全多方计算和联邦学习等技术能够确保在协同计算中任何一方实际数据不被其他方获得的情况下完成计算任务并获得正确计算结果。应用这些技术能够在有效保护敏感数据以及个人隐私数据不存在泄露风险的同时完成原本需要执行的数据分析、数据挖掘、机器学习等任务。

上述技术是当前最为主流的数据安全保护技术，也是最有利于大数据安全合规落地的数据安全保护技术。其中的各项技术分别具有各自的技术实现方式、应用场景、技术优势等当前存在的问题。

上述技术均存在多种技术实现方式，不同实现方式可能达到对于隐私数据的不同程度保护，不同的应用场景对于隐私数据的保护程度和可用性也有不同的需求。作为助力实现大数据安全合规落地的主要技术，在实际应用中使用者应根据具体的应用场景选择合适的隐私保护技术以及合适的实现方式，而繁多的实现方式和产品化的功能点区别导致技术使用者具体进行选择时会遇到很大的困难。通过标准对相应隐私保护技术进行规范化，可以有效地应对这种情况。

未来伴随着大数据产业的不断发展，个人信息和数据安全相关法律法规将不断出台，在企业合规方面，应用标准化的数据安全技术是十分有效的合规落地手段。随着公众数据安全意识的提升和技术本身的不断进步完善，数据安全技术将逐渐呈现出规范化、标准化的趋势，参照相关法律法规要求进行相关产品技术标准制定，应用符合相应技术标准的数据安全技术产品，保证对于敏感数据和个人隐私数据的使用合法合规，将成为未来大数据产业合规落地的一大趋势。

（三）数据安全标准规范体系不断完善

相对于法律法规和针对数据安全技术的标准，在大数据安全保护中，标准和规范也发挥着不可替代的作用。《信息安全技术个人信息安全规范》是个人信息保护领域重要的推荐性标准。标准结合国际通用的个人信息和隐私保护理念，提出了“权责一致、目的明确、选择同意、最少够用、公开透明、确保安全、主体参与”七大原则，为企业完善内部个人信息保护制度及实践操作规则提供了更为细致的引领。

一系列聚焦数据安全的国家标准近年来陆续发布，包括《大数据服务安全能力要求》（GB/T 35274-2017）《大数据安全管理指南》（GB/T 37973-2019）《数据安全能力成熟度模型》（GB/T 37988-2019）《数据交易服务安全要求》（GB/T 37932-2019）等，这些标准对于中国数据安全领域起到了重要的指导作用。

中国通信标准化协会大数据技术标准推进委员会（CCSA TC601）推出的《可信数据服务》系列规范将个人信息保护推广到企业数据综合合规。标准针对数据供方和数据流通平台的不同角色，从管理流程和管理内容等方面对企业数据合规提出了推荐性建议。规范列举了数据流通平台提供数据流通服务时，在平台管理、流通参与主体管理、流通品管理、流通过程管理等方面的管理要求和建议，以及数据供方提供数据产品时，在数据产品管理、数据产品供应管理等方面需满足和体现服务能力与服务质量的要求。

六、大数据发展展望

党的十九届四中全会提出将数据与资本、土地、知识、技术和管理并列作为可参与分配的生产要素，这体现出数据在国民经济运行中变得越来越重要，数据对经济发展、社会生活和国家治理正在产生着根本性、全局性、革命性等的影响。

技术方面，我们仍然处在“数据大爆发”的初期，随着5G、工业互联网的深入发展，将带来更大的“数据洪流”，这就为大数据的存储、分析、管理带来更大挑战，牵引大数据技术再上新的台阶。硬件与软件的融合、数据与智能的融合将带动大数据技术向异构多模、超大容量、超低时延等方向拓展。

应用方面，大数据行业应用正在从消费端向生产端延伸，从感知型应用向预测型、决策型应用发展。当前，互联网行业已经从“IT时代”全面进入“DT时代”（Data Technology）。未来随着各地政务大数据平台和大型企业数据中台的建成，将促进政务、民生与实体经济领域的大数据应用再上新的台阶。

治理方面，随着国家数据安全法律制度的不断完善，各行业的数据治理也将深入推进。数据的采集、使用、共享等环节的乱象得到遏制，数据的安全管理成为各行各业自觉遵守的底线，数据流通与应用的合规性将大幅提升，健康、可持续的大数据发展环境逐步形成。

然而，中国大数据发展也同样面临着诸多问题。例如，大数据原创性的技术和产品尚不足；数据开放共享水平依然较低，跨部门、跨行业的数据流通仍不顺畅，有价值的公共信息资源和商业数据没有充分流动起来；数据安全管理仍然薄弱，个人信息保护面临新威胁与新风险。这就需要大数据从业者们在大数据理论研究、技术研发、行业应用、安全保护等方面付出更多的努力。

新的时代，新的机遇。我们也看到，大数据与5G、人工智能、区块链等新一代信息技术的融合发展日益紧密。特别是区块链技术，一方面区块链可以在一定程度上解决数据确权难、数据孤岛严重、数据垄断等问题，另一方面隐私计算技术等大数据技术也反过来促进了区块链技术的发展。在新一代信息技术的共同作用下，中国的数字经济正向着更加互信、共享、均衡的方向发展，数据的“生产关系”正在进一步重塑。

第二节　大数据的定义与本质

随着大数据时代的来临，大数据（Big Data）这个词近年来成了关注度极高和使用极频繁的一个热词。然而，与这种热度不太对称的是，大众只是跟随使用，对大数据究竟是什么并没有真正的了解。学术界对大数据的含义也莫衷一是，很难有一个规范的定义。虽然说大数据时代刚刚来临，对大数据的含义有着不同的理解完全是正常的，但对哲学工作者来说，我们还是有必要对其做一个系统的比较和梳理，以便大众更好地把握大数据的内涵和本质。

一、大数据的语义分析

早在1980年，著名未来学家阿尔文·托夫勒在其《第三次浪潮》一书中就描绘过未来信息社会的前景并强调了数据在信息社会中的作用。随着信息技术特别是智能信息采集技术、互联网技术的迅速发展，各类数据都呈现出急剧爆发之势，计算机界因此提出了“海量数据”的概念，并突出了数据挖掘的概念和技术，以便从海量的数据中挖掘出需要的数据成了一种专门的技术和学科，为大数据的提出和发展做好了技术的准备。2008年9月，《自然》杂志推出了“大数据”特刊，并在封面中特别突出了“大数据专题”。2009年开始，在互联网领域，“大数据”一词已经成了一个热门的词汇。然而,这个时候的“大数据”概念与现在的“大数据”概念,虽然名字相同,但内涵和本质有着巨大的差别,而且主要局限于计算机行业。

2011 年 6 月,麦肯锡咨询公司发表了一份《大数据:下一个创新、竞争和生产力的前沿》的研究报告。在这份报告中,麦肯锡公司不但重新提出了大数据的概念,而且全面阐述了大数据在未来经济、社会发展中的重要意义,并宣告大数据时代的来临。所以,大数据一词很快跃出学术界而成为社会大众的热门词汇,麦肯锡公司也成为大数据革命的先驱者。百度、腾讯和阿里巴巴,这些数据时代的造富神话更让大众知晓了大数据所蕴藏的巨大商机和财富,成为世界各国政府和公司追逐的对象。2012 年 2 月 11 日,《纽约时报》在头版发表文章,宣布大数据时代已经降临。2012 年 6 月,联合国专门发布了大数据发展战略,这是联合国第一次就某一技术问题发布报告。英国学者维克托 · 舍恩伯格的《大数据时代》一书则对大数据技术及其对工作、生活和思维方式进行了全面的普及,因此大数据及其思维模式在全世界得到了迅速的传播。从国内来说,涂子沛的《大数据:正在到来的数据革命》让国人及时了解到国际兴起的大数据热,让我们与国际同行保持了同步。

大数据究竟是什么意思呢?从字面来说,所谓大数据就是指规模特别巨大的数据集合,因此从本质上来说,它仍然是属于数据库或数据集合,不过是规模变得特别巨大而已,因此麦肯锡公司在上述的咨询报告中将大数据定义为:“大小超出常规的数据库工具获取、存储、管理和分析等能力的数据集。”

维基百科对大数据这样定义:Big Data is an all-encompassing term for any collection of data sets so large or complex that it becomes difficult to process using traditional data processing applications。中文维基百科则说:“大数据,或称巨量资料,指的是所涉及的数据量规模巨大到无法通过人工在合理时间内截取、管理、处理,并整理成为人类所能解读的信息。”

美国权威研究机构 Gartner 对大数据给出了这样的定义:“大数据是需要新处理模式才能具有更强的决策力、洞察发现力和流程优化能力的海量、高增长率和多样化的信息资源。”百度百科则基本引用 Gartner 对大数据的定义,认为大数据,或称巨量资料,指的是需要新处理模式才能具有更强的决策力、洞察发现力和流程优化能力的海量、高增长率和多样化的信息资产。

英国大数据权威维克托则在其《大数据时代》一书中这样定义:“大数据并非一个确切的概念。最初,这个概念是指需要处理的信息量过大,已经超出了一般电脑在数据处理时所能使用的内存量，所以工程师们必须改进处理数据的工具。”“大数据是人们获得新认知、创造新的价值的源泉；大数据还是改变市场、组织机构，以及政府与公民关系的方法。”

John Wiley 图书公司出版的《大数据傻瓜书》对大数据概念是这样解释的：“大数据并不是一项单独的技术，而是新、旧技术的一种组合，它能够帮助公司获取更可行的洞察力。所以，大数据是管理巨大规模独立数据的能力，以便以合适速度、在合适的时间范围内完成实时分析和响应。”

大数据技术引入国内之后，我国学者对大数据的理解也一样五花八门，不过跟国外学者的理解比较类似。最早介入并对大数据进行了比较深入研究的三位院士的观点具有一定的代表性和权威性。

邬贺铨院士认为：“大数据泛指巨量的数据集，因可从中挖掘出有价值的信息而受到重视。”李德毅院士则说：“大数据本身既不是科学，也不是技术，我个人认为，它反映的是网络时代的一种客观存在，各行各业的大数据，规模从 TB 到 PB 到 EB 到 ZB，都是以三个数量级的阶梯迅速增长，是用传统工具难以认知的，具有更大挑战的数据。”而李国杰院士则引用维基百科定义：“大数据是指无法在一定时间内用常规软件工具对其内容进行抓取、管理和处理的数据集合”，认为“大数据具有数据量大、种类多和速度快等特点，涉及互联网、经济、生物、医学、天文、气象、物理等众多领域”。

我国最早介入大数据普及的学者涂子沛在其《大数据：正在到来的数据革命》中，将大数据定义为：“大数据是指那些大小已经超出了传统意义上的尺度，一般的软件工具难以捕捉、存储、管理和分析等的数据。”由于涂子沛的著作发行量比较大，因此他对大数据的这个界定也具有一定的影响力。

从国内外学者对大数据的界定来看，虽然目前没有统一的定义，但基本上都从数据规模、处理工具、利用价值三个方面来进行界定：①大数据属于数据的集合，其规模特别巨大；②用一般数据工具难以处理因而必须引入数据挖掘新工具；③大数据具有重大的经济、社会价值。

二、大数据的哲学本质

大数据究竟是什么这个问题，仅仅从语义和特征来回答，似乎并没有完全揭示出大数据的本质。大数据时代的来临，最重要的是给我们带来了数据观的变化，只有从哲学世界观的视角分析大数据的世界观或数据观，才能真正回答大数据究竟是什么。简单说来，大数据作为一场数据革命，除了带来海量数据，并且这些数据具有4V特征之外，更重要的是大数据带来的数据世界观。在大数据看来，万物皆数据，万物皆可被数据化，大数据刻画了世界的真实环境，并且带来了信息的完全透明化，我们的世界变成了一个透明的世界。

（一）在大数据看来，万物皆由数据构成，世界的本质是数据

世界究竟是什么？这是哲学家长期关注的重大问题。从古希腊哲学家泰勒斯开始，哲学家们就开始探索世界的本原，并从beginning（起源）和element（要素）两个维度进行了回答。早期自然哲学家曾经把水、火、土、气、原子分别作为本原，而后期的人文哲学家则基本上将人类精神作为本原。马克思主义哲学正是从beginning的维度将历史上的所有哲学分为唯物主义和唯心主义，在这一维度，物质和精神是对立的，只能二者选一。从element维度看，物质和精神都是构成世界的要素，而且以往的哲学家和科学家都认为也只有这两者才是构成世界的终极要素。但刚刚兴起的大数据则认为，除了以往认为的物质和精神之外，数据是构成世界的终极要素之一，即构成世界的三大终极要素是物质、精神和数据。英国大数据权威维克托·舍恩伯格甚至认为，世界万物皆由数据构成，数据是世界的本质。

万物皆数据，数据是世界的本质，世界上的一切，无论是物质还是意识，最终都可以表述为数据，这样数据就成了物质、意识的表征，甚至将物质和意识关联统一起来。古希腊哲学家毕达哥拉斯从音乐与数字、几何图形与数字的关系中发现了数据的重要性，提出了“数是万物本原”的思想，强调了数据对世界构成的意义以及对世界认知的影响。无独有偶，老子在数千年前就认识到数据的世界终极本质，在《周易》中就提出了“道生一，一生二，二生三，三生万物”的思想，把世界的生成与数据联系起来。特别是在《易传》中的阴阳八卦图中，从阴阳两极相反相成，从阴阳两仪，到八卦、六十四卦象等，由此不断演化，最后生成整个世界。两千多年以前的毕达哥拉斯和《周易》都不约而同地揭示了数据与万物的关系，以及世界的数据本质，充分强调了数据在世界构成中的重要作用。但是，在随后的两千多年的历史长河中，数据在人类生活和科学认知中虽然越来越重要，而且也有莱布尼兹、康德、马克思等哲学家关注过数据的重要性，不过总体来说，哲学家们对数据基本上是忽视的。随着大数据时代的来临，数据才获得到了应有的地位，哲学家们才又想起毕达哥拉斯和《周易》的数据世界观。可以说，大数据时代的来临是毕达哥拉斯和《周易》所提出的数

据世界观的当代回响。

（二）在大数据看来，世界万物皆可被数据化，大数据可实现量化一切的目标

数据是对世界的精确测度和量化，是认知世界的科学工具。自从发明了数字和测量工具，人类就不断试图对世界的一切进行数据测量、精确记录等。古埃及时期，由于尼罗河泛滥，人们每年需要重新丈量土地，于是发现了数据的秘密，就此发明了测量技术。于是，数据成了测量、记录财富的工具，人们日常生活所接触的大量物品、财产都可以用数据来表征，这个时期的数据可被称为“财富数据”。文艺复兴之后，人们逐渐发明了望远镜、显微镜、钟表等科学测量器具。随着测量技术的进步，测量与数据被广泛应用于科学研究之中。例如天文学家第谷对天文现象进行了大量的观察记录，并记录了大量的天文数据。随后，力学、化学、电磁学、光学、地学、生物学等，各门学科都通过测量走上了数据化、精确化的道路。各门科学积累大量的科学数据，并借助于数据，各种自然现象都实现了可测量、可计算的精确化、数据化的目标，自然科学各学科也完成了其科学化的历程。这个时期可被称为“科学数据”时期。

由于人类意识的复杂性，人类及其社会的测量和数据化成为量化一切的拦路虎。社会科学虽然引进自然科学方法，但其数据的客观性往往招致质疑，而人文学科更是停留在思辨的道路上。在传统方法遇到困难的地方，大数据却可以大显身手。大数据用海量数据来测量、描述复杂的人类思想及其行为，让人类及其社会也彻底被数据化，这些数据可被称为“人文数据”。所以，大数据时代将数据化的脚步向前迈进了一大步，在财富数据化、科学数据化的基础上，实现了人文社会行为的数据化。所以，从大数据来看，数据是物质的根本属性，世界万物皆可被数据化，其一切状态和行为都可以用数据来表征，量化一切是大数据的终极目标。

（三）大数据全面刻画了世界的真实状态，科学研究不必再做理想化处理

真实、全面地认知世界是人类的一种理想，同时也是摆在人类面前的一道难题。真实的世界，无论是自然界还是人类社会，都极为复杂，需要极其繁多的参数才能准确、全面地对其进行描述。然而，由于过去没有先进的数据采集、存储和处理技术，于是不得不对复杂的研究对象进行“孤立、静止、还原”的简单化处理。所谓孤立就是把对象与环境的所有联系都切断，让其成为一个孤立的研究对象，免得受外界的侵扰。所谓静止，就是将本来运动变化的对象做一时间截面，然后就以这一时点的

状态代表所有时点的状态。所谓还原，是指将复杂的现象逐渐返回到几个简单的要素或原点，然后从要素的性质和状态推演出系统的性质和状态。复杂对象经过简单化处理之后，虽然我们能够认识和把握对象的某些性质和状态，但毕竟经过了简单、粗暴的理想化处理，它已经不能真正反映真实对象和真实世界。

大数据技术使用了无处不在的智能终端来自动采集海量的数据，并用智能系统处理、存储海量数据，不再需要对研究对象做孤立、静止和还原的简单化处理，而是将对象完全置于真实环境之中，有关对象的大数据全面反映了复杂系统各个要素、环节、时态的真实、全面状态等。这样，在大数据时代，我们可以在真实、自然的状态下研究复杂的对象。大数据记录了真实环境下研究对象的真实状态，因此我们可以利用大数据去真实、完整、全面地刻画复杂的研究对象。这就是说，大数据是真实世界的全面记录，一切状态尽在数据之中，大数据真正客观地反映了对象的真实状态。

（四）万物的数据化带来了世界的透明化，未来的世界是一个透明世界

宇宙万物，复杂多变，人们面对复杂多变的世界往往感到漆黑一片，难怪哲学家康德会认为，现象世界背后存在着一个物自体，而这个物自体就像一个黑箱，永远无法被人类认知，那是上帝留下的自留地，科学无法涉足其中。这就是说，真实的世界就像一个大黑箱，我们永远无法打开。我们人类就像那个剥洋葱的小男孩，剥到最后也不知道里边究竟是什么。

但是，大数据技术彻底改变了人类对世界的认知。由于无处不在的智能芯片，整个世界变成了一个智能的世界、数据的世界，或者叫智慧世界。通过赋予世界以智慧，就像一切事物都被安装了充满智慧的大脑。无所不知的智能系统可以感知出世界的一切，而且将一切状态都以数据的形式记录、储存下来。通过数据挖掘，我们人类就可以知道了世界的一切秘密。康德所设置的科学禁区被大数据所打破，透过大数据，世界变成了一个完全透明的世界，一切都可以被人类所感知、把握和预知。

大数据究竟是什么？这个问题虽然难以用一句话回答，但从大数据的语义中我们知道了大数据意味着数据规模特别巨大，以至于传统的技术手段难以处理。从大数据的 4V 特征中，我们进一步了解到大数据时代的所谓数据已经从狭义的数字符号走向了广义的信息表征，一切信息都是数据。从大数据的哲学本质中，我们更深入地发掘出大数据现象背后所蕴藏的哲学本质：大数据代表着一种新的世界观，万物皆数据，数据是万物的本质属性，而且随着大数据的发展，我们的世界将变成一个完全被数据化的透明世界。

三、大数据时代社会治理逻辑创新

（一）树立科学大数据的理念是大数据时代社会治理方式创新的前提

随着数据在社会生活作用的日益明显，树立科学的大数据理念对于科学运用大数据具有前置作用。一是重视数据。加强领导干部的数据意识，培养用数据说话的意识和客观分析的理性思维。二是要尊重数据。加强对知识的尊重和对科技人才的重视，提高科技决策在政府决策的地位，使数据成为判断的标准参考。三是要敬畏数据。加强对大数据理论的学习和思考，进一步提高对数据的认知和驾驭能力。

（二）建立广泛的数据获取渠道是大数据时代社会治理方式创新的基础

数据的多少、质量的好坏是数据服务社会治理的关键。一是要建立明确的数据权属。制定数据边界清单，理清数据共享范围。二是要建立数据正常交易渠道。尝试以发达地区为试点，开展大数据交易平台建设应用，为数据提供合法的、正规交换平台。三是建立权力与责任统一的数据应用模式。建立监管机制，使商家在使用数据的同时，履行好数据保护和数据清洗的义务。

（三）建设服务型政府是大数据时代社会治理方式创新的关键

政府要加强利用大数据实现政府职能转变，充分运用大数据平台，进一步提升服务便民服务水平，切实增强人民群众的安全和满意度。一是建立跑一趟的服务机制。利用大数据的便利优势，实现政务信息公开，设置查询“一键通”功能，为群众办事提供数字向导，同时减少政府开支。二是加强政府、企业间数据共享。打破数据壁垒是数据共享的问题。加快建立数据共享机制，充分调动相关企业、机关的积极性，构建公民办事信息的全网共享使用，减少重复录入、采集问题。三是打破信息垄断。将数据公开于民，使企业更加便捷地获取想要的数据，更好分析形势以保证经济的平稳发展。

（四）加强资本防范和技术监管是大数据时代社会治理方式创新的底线

大数据技术异化的背后，是利益相关者之间的博弈，也是资本逐利的外现。新经济不排斥资本的功能，但当资本目标与公共利益发生冲突时，就要毫不犹豫地选择服从公共利益，对资本控制进行防范。只有明确资本走向，扎牢法治围栏，相关部门对市场中各种违法违规行为严加防范、严厉打击等，以法治赢得利益各方的信任，才能让资本有效助推大数据发展。此外，要确保大数据安全，还要构筑牢固的技术安全底线。归根结底，大数据是依靠互联网技术支撑的，技术上的控制力在大数据的发展中起到了至关重要的作用。所以，要提高技术创新力度，努力实现关键网络设施及软件产品的国产化，摆脱对西方技术的依赖，从根本上提升大数据平台的安全防护能力。

第三节　大数据的分类与技术

一、大数据网络中数据分类优化

大数据时代的到来给人类生活带来许多便利，涉及各个行业领域。由于数据量的庞大，在进行处理时，较难把握数据的完整性和纯度性，运用大数据进行数据分类优化可以保证数据质量，提高数据管理效率。就数据分类优化的相关概念进行阐述，指出传统数据分类方法的不足，探讨数据分类在大数据网络中如何应用。

（一）大数据网络和数据分类优化的相关概念

大数据就是利用计算机对数量庞大的数据进行处理，在一定范围内，无法运用常规数据处理软件对数据进行处理加工时，需要开发新的数据处理模式对数据进行处理的方法。

数据分类是指将某种具有共性或相似属性的数据归在一起，根据数据特有属性或特征进行检索，方便数据查询与索引，常见的数据分类有连续型和离散型、时间序列数据和截面数据、定序数据、定类数据、定比数据等，数据分类应用较多的行业是逻辑学、统计学等学科。数据分类遵循以下几条原则：一是稳定性，进行数据分类的标准是数据各组特有的属性，这种属性应是稳定的，确保分类结果的稳定；二是系统性，数据进行分类必须逻辑清晰，系统有条理；三是可兼容性，数据分类的基本目的就是存储更多数据，在数据量加大时，保证数据的类别可以共存；四是扩充性，数据根据分类标准可以随时扩充；五是实用性，数据分类的目的是对数据进行更好的管理和使用，有明确的分类标准，逻辑清晰，方便索引，数据获取方便。

（二）传统数据分类优化识别方法存在的问题

21 世纪是大数据时代，大数据网络衍生大量数据，对数据进行分类尤其重要，传统数据分类缺乏大数据环境带来的优势，对数据分类只是通过计算机根据现有分类标准进行粗略划分，给后期数据索引工作造成较大麻烦。常见的数据分类方法造成数据冗余度过高，在数据处理和使用过程中，索引属性或特征遭遇改变，使得最初的数据分类标准变得不明确，对数据管理造成困扰。

1. 分类数据冗余度过高

数据冗余是指数据重复，即一条数据信息可在多个文件中查询，数据冗余度适当可以保证数据安全，防止数据丢失。但数据冗余度高会导致数据索引过程中降低数据查询准确性，很多人为简化操作流程将同一数据在不同地方存放，为了数据完整性进行多次存储和备份，这些操作无形中会增大数据冗余度。传统数据分类处理存在数据丢失的顾虑，对数据进行多次备份，没有意识到增加数据独立性，减少数据冗余度可以保证数据资源的质量和使用效率这一重要性。

2. 数据分类标准不明确

数据分类是为了对数据进行更好的管理和使用，人们进行数据分类是希望对之前操作造成的数据冗余度适量降低，但传统数据分类并没有确定明确的分类标准，对数据进行盲目分类，在后期索引中造成不便，无法实现数据的有效提取。传统数据分类采用的方法是基于支持向量机的分类方法、基于小波变换算法分类方法、基于数据增益算法，以上几种分类算法造成数据冗余度过高。

（三）大数据网络中数据分类优化识别探究

1. 实现数据冗余分类优化

数据冗余度是一个多种类分类的问题，增加数据独立性和降低数据冗余度是计算机分类数据的目标之一。大数据网络优化通过改变分类算法，对数据冗余现象进行处理分析，在数据分类优化识别过程中，利用局部特征分析方法，对冗余数据中的关键信息作二次提取并进行相应标记，更换第一次数据识别属性或特征，并将更换过的数据属性作为冗余度数据识别标准，实现冗余度数据的二次分类优化识别。

2. 据分类标准明确清晰

大数据网络中数据有多个类别，对数据进行分类优化识别必须具有明确清晰的标准，这是传统计算机网络不能做到的，以大数据为研究对象，根据特定标准进行数据分类，提取大数据中的关键属性和特征作为分类标准，在后期数据整理归类时按照相应的分类标准进行归档处理，实现数据的高效管理和使用。经研究表明，在Matlab的仿真模拟环境中，利用虚拟技术对数据进行分类优化识别过程进行模拟，根据仿真图像可得出，大数据网络下数据分类处理呈现时域波形，表明数据分类处理结果较为准确。此外，还可以通过向量量化方法对大数据信息流中的关键数据进行获取和处理,作为数据分类优化识别的结果,也获得了理想效果。

大数据网络下对数据进行分类优化识别具有重要意义，通过本节论述，数据冗余度仍然是大数据网络分类优化识别应用的主要问题，数据在输入和使用过程中造成数据冗余等普遍问题，加强对数据冗余度的处理，可以达到数据分类优化识别的目的。数据分类优化识别讲究准确率，提高准确率对数据分类优化识别起到关键作用,改进数据分类优化识别处理方法,在降低数据冗余度的同时,促进大数据网络中数据分类优化识别的进一步发展。

二、大数据时代数据挖掘技术

21 世纪是数据信息大发展的时代,移动互联、社交网络、电子商务等都极大拓展了其应用范围，各种数据迅速扩张变大。大数据蕴藏着价值信息，但如何从海量数据中淘换出对客户有用的沙金甚至钻石，是数据人面临的巨大挑战。本节在分析大数据基本特征的基础上，对数据挖掘技术的分类及数据挖掘的常用方法进行了简单分析,以期能够在大数据时代背景下能够在数据挖掘方向取得些许成就。

(一)大数据时代数据挖掘的重要性

随着互联网、物联网、云计算等技术的快速发展,以及智能终端、网络社会、数字地球等信息体的普及和建设，全球数据量出现爆炸式增长，仅在 2011 年就达到 1.8 万亿 GB。IDC（Internet Data Center，互联网络数据中心）预计，到 2020 年全球数据量将增加 50 倍。毋庸置疑,大数据时代已经到来。一方面,云计算为这些海量的、多样化的数据提供存储和运算平台等，同时数据挖掘和人工智能从大数据中发现知识、规律和趋势,为决策提供信息参考。

如果运用合理的方法和工具，在企业日积月累形成的浩瀚数据中，是可以淘到沙金的，甚至可能发现许多大的钻石。在一些信息化较成熟的行业，就有这样的例子。比如银行的信息化建设就非常完善，银行每天生成的数据数以万计，储户的存取款数据、ATM 交易数据等。

数据挖掘是借助 IT 手段对经营决策产生决定性影响的一种管理手段。从定义上来看,数据挖掘是指一个完整的过程,该过程是从大量、不完全、模糊和随机的数据集中识别有效的、可实用的信息等,并运用这些信息做出决策。

(二)数据挖掘的分类

数据挖掘技术从开始的单一门类的知识逐渐发展成为一门综合性的多学科知

识，并由此产生了很多的数据挖掘方法，这些方法种类多，类型也有很大的差别。为了满足用户的实际需要，现对数据挖掘技术进行如下几种分类。

1. 按挖掘的数据库类型分类

利用数据库对数据分类成为可能是因为数据库在对数据储存时就可以对数据按照其类型、模型以及应用场景的不同来进行分类，根据这种分类得到的数据在采用数据挖掘技术时也会有满足自身的方法。对数据的分类有两种情况，一种是根据其模型来分类，另一种是根据其类型来分类，前者包括关系型、对象-关系型以及事务型和数据仓库型等，后者包括时间型、空间型和 Web 型等的数据挖掘方法。

2. 按挖掘的知识类型分类

这种分类方法是根据数据挖掘的功能来实施的，其中包括多种分析的方式，例如相关性、预测及离群点分析方法，充分的数据挖掘不仅仅是一种单一的功能模式，而是各种不同功能的集合。然而，在上述分类的情况下，还可以按照数据本身的特性和属性来对其进行分类。例如数据的抽象性和数据的粒度等，利用数据的抽象层次来分类时可以将数据分为三个层次，即广义知识的高抽象层，原始知识的原始层以及到多层的知识的多个抽象层。一个完善的数据挖掘可以实现对多个抽象层进行数据挖掘，找到其有价值的知识。同时，在对数据挖掘进行分类时还可以根据其表现出来的模式及规则性和是否检测出噪声来分类。一般来说，数据的规则性可以通过多种不同的方法挖掘，例如相关性和关联分析以及通过对其概念描述和聚类分类、预测等方法，同时还可以通过这些挖掘方法来检测和排除噪声。

3. 按所用的技术类型分类

数据挖掘的时候采用的技术手段千变万化，例如可以采用面向数据库和数据仓库的技术以及神经网络及其可视化等技术手段，同时用户在对数据进行分析时也会使用很多不同的分析方法，根据这些分析方法的不同可以分为遗传算法、人工神经网络，等等。一般情况下，一个庞大的数据挖掘系统是集多种挖掘技术和方法的综合性系统。

根据数据挖掘的应用的领域来进行分类，包括财经行业、交通运输业、网络通信业、生物医学领域如 DNA 等，在这些行业或领域中都有满足自身要求的数据挖掘方法。对于特定的应用场景，此时就可能需要与之相应的特殊的挖掘方法，并保证其有效性。综上所述，基本上不存在某种数据挖掘技术可以在所有的行业中都能使用的技术，每种数据挖掘技术都有自身的专用性。

（三）数据挖掘中常用的方法

目前数据挖掘方法主要有 4 种，这四种算法包括遗传、决策树、粗糙集和神经网络算法。以下对这四种算法进行一一解释说明。

遗传算法：该算法依据生物学领域的自然选择规律以及遗传的机理发展而来，是一种随机搜索的算法，利用仿生学的原理来对数据知识进行全局优化处理。是一种基于生物自然选择与遗传机理的随机搜索算法，是一种仿生全局优化方法。这种算法具有隐含并行性、易与其他模型结合等优点，从而在数据挖掘中得到了应用。

决策树算法：在对模型的预测中，该算法具有很强的优势，利用该算法对庞大的数据信息进行分类，从而对有潜在价值的信息进行定位，这种算法的优势也比较明显，在利用这种算法对数据进行分类时非常迅速，同时描述起来也很简单，在大规模数据处理时，这种方法的应用性很强。

粗糙集算法：这个算法将知识的理解视为对数据的划分，将这种划分的一个整体叫作概念，这种算法的基本原理是将不够精确的知识与确定的或者准确的知识进行分类同时进行分类刻画。

神经网络算法：在对模型的预测中，该算法具有很强的优势，利用该算法对庞大的数据信息进行分类，从而对有潜在价值的信息进行定位，这种算法的优势也比较明显，在利用这种算法对数据进行分类时非常迅速，同时描述起来也很简单，在大规模数据处理时，这种方法的应用性很强。光缆监测及其故障诊断系统对于保证通信的顺利至关重要，同时这种技术方法也是顺应当今时代的潮流必须推广使用的方法。然而，该诊断技术为通信管网和日常通信提供了可靠的技术支持和可靠的后期保证。

第四节　大数据的特征

一、大数据的 4V 特征

我们从大数据的概念中很难把握大数据的属性和本质，因此国内外学者都在大数据概念的基础上继续深入探讨大数据的基本特征，其中最有代表性的是大数据的 3V 特征或 4V 特征。所谓大数据的 3V 或 4V 特征是指大数据所具有的三个或四个以英文字母 V 打头的基本特征。所谓的 3V 是指 Volume（体量）、Variety（多样）、

Velocity（速度），这三个 V 是比较公认的，基本上没有争议。而 4V 是在 3V 的基础上再加上一个 V，而这个 V 究竟是什么，目前有比较大的争议。有人将 Value（价值）作为第四个 V，而有人将 Veracity（真实）当作第四个 V。笔者曾经将 Value 当作第四个 V，但现在则认为 Veracity 似乎更能代表大数据的第四个基本特征。

（一）Volume（数据规模巨大）

大数据给人印象最深的是数据规模巨大，以前也被称为海量，所以大数据的所有定义中必然会涉及大数据的数据规模，而且特别指出其数据规模巨大，这就是大数据的第一个基本特征：数据规模巨大。

从古埃及开始，人们就学会了丈量土地、记录财产，数据由此产生。古埃及、巴比伦、古希腊都用纸草、陶片作为数据记录的工具，数据规模极其有限。古代中国也很早就有丈量土地和记录财富的历史，先是用陶片、竹片、绢布等做记录工具，后来有了纸张、印刷术等，各种数据更容易被记录，于是就有了“学富五车”的知识人，以及“汗牛充栋”的图书收藏机构。不过古人引以为自豪的事情如今看来只是“小儿科”。现在大数据的规模究竟有多大呢？虽然没有一个确切的统计数字，但我们可以举例描述其规模。现在一天内在 Twitter 上发表的微博就达到 2 亿条，7 个 TB 的容量，50 亿个单词量，相当于《纽约时报》出版 60 年的单词量。阿里巴巴通过其交易平台积累了巨多的数据，截至 2014 年 3 月，阿里已经处理的数据就达到 100PB，等于 104 857 600 个 GB 的数据量，相当于 4 万个西雅图中央图书馆，580 亿本藏书的数据。腾讯 QQ 目前拥有 8 亿用户，4 亿移动用户，在数据仓库存储的单机群数量已达到 4 400 台，总存储数据量经压缩处理以后在 100PB 左右，并且这一数据还在以日新增 200TB 到 300TB，月增加 10% 的数据量增长，腾讯的数据平台部门正在为 1 000 个 PB 做准备。

随着大数据时代的来临，各种数据呈爆炸性增长。从人均每月互联网流量的变化就可以窥见一斑。1998 年网民人均月流量才 1 MB，到 2000 年达到 10MB，到 2008 年平均一个网民是 1 000MB，到 2014 年是 10 000MB。在芯片发展方面，有一个著名的摩尔定律，说的是每 18 个月，芯片体积要减小一半，价格降一半，而其性能却要翻一倍。在数据的增长速度上，有人也引用摩尔定律，认为大概 18 个月或 2 年，世界的数据量就要翻一番。2000 年，全世界的数据存储总量大约 800 000PB，而预计到 2020 年，世界的数据存储量将达到 35ZB。以前曾有人提出知识爆炸论而备受争议，而如今的数据暴增已成为现实。

（二）Variety（数据类型多样）

大数据并不仅仅表现在数据量的暴增及数据总规模的庞大无比，最关键的是，在大数据时代，数据的性质发生了重大变化。在小数据时代，数据的含义和范围是狭义的。所谓数据，其原意是指“数＋据”，即由表示大小、多少的数字，加上表示事物性质的属性，即所谓的计量单位。狭义的数据指的是用某种测量工具对某事物进行测量的结果，而且一定是以数字和测量单位联合表征。但在大数据时代，数据的含义和属性发生了重大变化，数据的范围几乎无所不包，除了传统的“数＋据”之外，似乎能被 0 和 1 符号表述，能被计算机处理的都被称为数据。也可以说，大数据时代就是信息时代的延续与深入，是信息时代的新阶段。在大数据时代，数据与信息基本上是同义词，任何信息都可以用数据表述，任何数据都是信息。这样数据的范围得到了巨大的开拓，即从狭义的数字扩展到广义的信息。

传统的数据属于具有结构的关系型数据，也就是说数据与数据之间具有某种相关关系，数据之间形成某种结构，所以被称为结构型数据。例如，我们的身份证都是按照 19 位的结构模式进行采集和填写数据，手机号码都是 11 位的数据结构，而人口普查、工业普查或社会调查等数据采集都是事先设计好固定项目的调查表格，按照固定结构填写，否则因无法做出数据处理而被归入无效数据。在大数据时代，除了这种具有预定结构的关系数据之外，更多的是属于半结构和无结构数据。所谓半结构就是有些数据有固定结构，有些数据没有固定结构，而无结构数据则没有任何的固定结构。结构数据是有限的，而半结构和无结构数据却几乎是无限的。例如，文档资料、网络日志、音频、视频、图片、地理位置、社交网络数据、网络搜索点击记录、各种购物记录等，一切信息都被纳入数据的范围而带来了大数据的数据类型多样的特征，也带来了所谓的海量数据规模。

（三）Velocity（数据快捷高效）

大数据的第三个特征是数据的快捷性，指的是数据采集、存储、处理和传输速度快、时效高等。小数据时代的数据主要是依靠人工采集而来，例如天文观测数据、科学实验数据、抽样调查数据以及日常测量数据等。这些数据因为依靠人工测量，所以测量速度、频次和数据量都受到一定的限制。此外，这些数据的处理往往也是费钱费力的事情，比如人口普查数据，因为涉及面广，数据量大，每个国家往往只能 10 年做一次人口普查，而且每次人口普查数据要经过诸多部门和人员多年的统计、处理才能得到所需的数据。人口普查数据公布之时，人口情况早已发生了巨大的变化。

在大数据时代，数据的采集、存储、处理和传输等各个环节都实现了智能化、网络化。由于智能芯片的广泛应用，数据的采集实现了完全智能化和自动化，数据的来源从人工采集走向了自动生成。例如上网自动产生的各种浏览记录，社交软件产生的各种聊天、视频等记录，摄像头自动记录的各种影像，商品交易平台产生的交易记录，天文望远镜的自动观测记录等。由于数据采集设备的智能化和自动化，自然界和人类社会的各种现象、思想和行为都被全程记录下来，因此形成了所谓的“全数据模式”，这也是大数据形成的重要原因。此外，数据的存储实现了云存储，数据的处理实现了云计算，数据的传输实现了网络化。所以，所有数据都从原来的静态数据变为动态数据，从离线数据变为在线数据，通过快速的数据采集、传输和计算，系统可以做出快速反馈和及时响应，从而达到即时性。

（四）Veracity（数据客观真实）

大数据的第四个特征是数据的真实性。数据是事物及其状态的记录，但这种记录也因是否真实记录事物及其状态而产生了数据真实性问题。由于小数据时代的数据都是人工观察、实验或调查而来的数据，人的主观性难免被渗透到数据之中，这就是科学哲学中著名的“观察渗透理论”。我们在观察、实验或问卷调查的时候，首先就要设置我们采集数据的目的，其次根据目的设计我们的观察、实验手段，或者设计我们的问卷以及选择调查的对象，这些环节中都强烈渗透着我们的主观意志。也就是说，小数据时代，我们先有目的，后有数据，所以，这些数据难免被数据采集者污染，很难保持其客观真实性。

但在大数据时代，除了人是智能设备的设计和制造者之外，我们人类并没有全程参与到数据的采集过程中，所有的数据都是由智能终端自动采集、记录下来的。这些数据在采集、记录之时，我们并不知道这些数据能用于什么目的。采集、记录数据只是智能终端的一种基本功能，是顺便采集、记录下来的，并没有什么目的。有时候甚至认为这些数据属于数据垃圾或数据尘埃，先记录下来，究竟有什么用，以后再说。也就是说，在大数据时代，我们是先有数据，后有目的。这样，由于数据采集、记录过程中没有了数据采集者的主观意图，这些数据就没有被主体污染。也就是说，大数据中的原始数据并没有渗透理论，因此确保了其客观真实性，真实反映了事物及其状态、行为。

二、大数据的采集方法

（一）系统日志采集方法

对于系统日志采集，很多互联网企业都有自己的海量数据采集工具，它们均采用分布式架构，能满足每秒数百 MB 的日志数据采集和传输需求等。

（二）网络数据采集方法：对非结构化数据的采集

网络数据采集可以将非结构化数据从网页中抽取出来，将其存储为统一的本地数据文件，并以结构化的方式存储。可以通过网络爬虫或网站公开 API 等方式从网站上获取数据信息。它支持图片、音频、视频等文件或附件的采集，附件与正文可以自动关联。对于网络流量的采集可以使用 DPI 或 DFI 等带宽管理技术进行处理。

（三）其他数据采集方法

对于企业生产经营数据或学科研究数据等保密性要求较高的数据，可以通过与企业或研究机构合作，使用特定系统接口等相关方式采集数据。

三、大数据存储（导入）和管理

（一）并行数据库

并行数据库系统大部分采用了关系数据模型并且支持 SQL 语句查询，在无共享的体系结构中进行数据操作的数据库系统。

（二）NoSQL 数据管理系统

NoSQL 指的是“Not Only SQL”，即对关系型 SQL 数据系统的补充。NoSQL 最普遍的解释是“非关系型的”，强调键值存储和文档数据库的优点，而不是单纯地反对关系型数据库。它采用简单数据模型、元数据和应用数据的分离、弱一致性等技术，使 NoSQL 能够很好地应对海量数据的挑战。

（三）云存储与云计算

在云计算概念上延伸和发展出来的云存储，是一种新兴的网络存储技术，将网络中大量各种不同类型的存储设备通过应用软件集合起来协同工作，共同对外提供数据存储和业务访问功能的一个系统。云存储是一个以数据存储和管理为核心的云计算系统。

（四）实时流处理

所谓实时系统，是指能在严格的时间限制内响应请求的系统。流式处理就是指源源不断的数据流过系统时，系统能够不停地连续计算。所以，流式处理没有严格的时间限制，数据从进入系统到出来结果可能是需要一段时间。然而，流式处理唯一的限制是系统长期来看的输出速率应当快于或至少等于输入速率。否则，数据会在系统中越积越多。

四、大数据的分析

数据分析主要利用分布式数据库，或者分布式计算集群来对存储于其内的海量数据进行普通的分析和分类汇总等，以满足大多数常见的分析需求。统计与分析这部分的主要特点和挑战是分析涉及的数据量大，其对系统资源，特别是 I/O 会有极大的占用空间。如果是一些实时性需求会用到 EMC 的 GreenPlum、Oracle 的 Exadata，以及基 MySQL 的列式存储 Infobright 等，而一些批处理，或者基于半结构化数据的需求可以使用 Hadoop。

五、大数据的挖掘与展示

大数据技术不在于掌握庞大的数据信息，而是将这些含有意义的数据进行专业化处理，将海量的信息数据在经过分布式数据挖掘处理后将结果可视化。数据可视化主要是借助图形化手段，清晰有效地传达与沟通信息。依据数据及其内在模式和关系，利用计算机生成的图像来获得深入认识和认知。这样就对数据可视化软件提出了更高的要求。数据可视化应用软件的开发迫在眉睫，数据可视化软件的开发既要保证实现其功能用途，同时又要兼顾美学形式，例如，标签云、聚类图、空间信息流、热图等。

大数据成为推动经济转型发展的新动力。以数据流引领技术流、物质流、资金流、人才流等，将深刻影响社会分工协作的组织模式，促进生产组织方式的集约和创新。大数据成为重塑国家竞争优势的新机遇。在全球信息化快速发展的大背景下，大数据已成为国家重要的基础性战略资源，正引领新一轮科技创新。大数据还成为提升政府治理能力的新途径。大数据应用能够揭示传统技术方式难以展现的关联关系，推动政府数据开放共享，促进社会事业数据融合和资源整合，将极大提升政府整体数据分析能力，为有效处理复杂社会问题提供新的手段。

第五节　大数据产业协同创新动因

自2015年国家出台《促进大数据发展行动纲要》至今，我国涉及大数据发展的国家政策已多达63项，参与发布政策的部门包括国务院、发改委、生态环境部、交通运输部和工信部等。2014年以来，大数据已连续六年被写进政府工作报告，更在“十三五”规划纲要中被提升为国家战略。党的十九大报告明确指出，要推动互联网、大数据、人工智能和实体经济深度融合。这不仅为破局“数据孤岛”提供了思路，也为大数据产业的发展指明了方向。2016年，由国家信息中心、中国科学院计算技术研究所、浙江大学软件学院、清华大学公共管理学院、财经网等60余家单位共同发起成立了“中国大数据产业应用协同创新联盟”；2017年，教育部规划建设发展中心、曙光信息产业股份有限公司和国内数十所高校共同发布了大数据行业应用协同创新规划方案。由此可见，政府、科研院所、高校及企业等均高度重视大数据产业的发展。

一、国内外研究现状

早在1980年，美国著名学者阿尔文·托夫勒就在《第三次浪潮》一书中提出大数据的概念，随后，关于大数据的研究热潮席卷全球。Suthaharan讨论了利用几何学习技术与现代大数据网络技术处理大数据分类的问题和挑战，并重点讨论了监督学习技术、揭示学习技术与机器终身学习相结合的问题。Gandomi等结合从业者和学者的定义，对大数据进行了综合描述，并强调需要开发适当、高效的分析方法，对大量非结构化文本、音频和视频格式的异构数据进行分析与利用。韩国学者Kwon等在相关研究中提到了大数据产业并构建了大数据产业发展的政策体系。

国内对大数据的研究虽然起步较晚，但与经济发展的联系更为紧密。邸晓燕等基于产业创新链视角，围绕产业链、技术链与价值链等，对大数据产业技术创新力进行了分析，并通过比较案例分析法发现，在大数据产业链方面，我国与发达国家相比存在较大差距，提出从技术创新链、市场机制和评价体系三方面提升我国大数据产业创新力。周曙东通过编制大数据产业投入产出表，并利用2017年全国投入产出调查数据，测度了大数据产业对经济的贡献度，为制订大数据产业发展战略提供了重要参考。刘倩分析了大数据产业的政策演进及区域科技创新的相关要素，从驱动、集聚等角度分析了大数据产业促进科技创新的作用机制，并实证分析了大数据产业推动区域科技创新的路径。沈俊鑫等利用贵州省大数据产业发展数据，分别运用BP神经网络模型和熵权—BP评价模型对其发展能力进行评价，研究结果表明，后者的评价更为精确。周瑛等从宏观、中观和微观三个方面对影响大数据产业发展的因素进行理论分析，并运用德尔菲法和层次分析法实证分析影响大数据产业发展的主要因素，结果表明，影响大数据产业发展的因素由大到小依次为宏观因素、中观因素和微观因素。胡振亚等指出，大数据是创新的前沿，并从知识、决策、主体和管理四个方面阐释了大数据对创新机制的改变。王永国从顶层设计、人才队伍等角度分析了大数据产业协同创新如何推动军民融合深度发展。吴英慧对美国大数据产业协同创新的主要措施和特点进行了深入剖析，以期为我国大数据战略的实施提供决策参考。

综上所述，国内外学者对大数据及大数据产业的研究已经取得了较为丰硕的成果，但学界对“大数据产业”尚未形成统一的认识，且鲜有文献对大数据产业协同创新发展进行深入系统的研究。所以，本节结合我国大数据产业发展的实际情况，探讨大数据产业协同创新的动因，并提出大数据产业协同创新推进策略，以期为我国大数据产业的发展提供参考。

二、大数据产业协同创新及其动因分析

（一）大数据产业协同创新

1. 大数据产业协同创新的概念

大数据产业协同创新是指政府部门、科研院所、高等院校、企业等多主体共同参与，以互联网、物联网、大数据应用等为导向，充分发挥各单位资源优势，因势利导，最终通过挖掘大数据价值来促使大数据产业成为经济增长的重要支撑。大数据产业协同创新响应了国家“大众创业、万众创新”的号召，多元利益主体在良好的政策环境下共同提升大数据产业整体的理论研究和应用水平，进而形成健康的大数据产业发展生态。

在“互联网 +”背景下，大数据产业的协同发展模式呈现多样化，主要体现在战略协同、产业协同和技术协同三个方面。战略协同主要是根据大数据产业的特殊性，在“中国制造 2025”战略背景下，通过工业化和信息化的融合发展有效促进大数据产业协同创新发展。“两化”的融合发展激发了制造业的创新活力，促进了大数据产

业与制造业的协同创新。大数据产业的发展将促进制造业向高端化迈进，制造业又将反过来促进大数据产业的持续创新发展。产业协同主要是指在“两化”融合的基础上，抓住智能制造发展的契机，以工业大数据的深度分析为智能制造提供技术支持。工业互联网驱动工业智能化，大数据产业中的云服务、物联网等将推动智能制造业的创新发展。技术协同主要是指人工智能技术与大数据技术的相互渗透，通过利用已有人工智能技术来促进大数据产业的创新发展以及实现产品的智能化。从发展的角度可以看出，大数据产业协同创新生态体系的发展是不断升级的，创新模式由线性向生态化发展。

2. 大数据产业协同创新运行机制

大数据产业协同创新的核心运行机制是资源共享机制。大数据产业利用协同创新平台整合相关的知识、技术、人才等资源，从而产生集聚效应，促进创新活动的开展。通过产业链上游与下游的连接，高端化的创新资源可以得到充分共享与利用。通过大数据产业协同创新，将不同参与者的运营情况信息进行整合、分析与处理等，并将处理后的信息反馈给各参与主体，有助于为各参与者的进一步发展提供决策参考。通过完善价值链，实现参与主体的价值升级，并借助互联网平台实现人与信息的交互，有助于持续推动大数据产业的协同创新发展。

（二）大数据产业协同创新动因分析

大数据产业协同创新特征。大数据产业主要以互联网为载体，产业链的上下游贯穿着消费主体对数据的利用，所以，大数据产业协同创新的特征表现为协同领域广和协同模式多样化。协同领域广主要体现在以下几个方面：在产业领域，大数据产业协同创新有助于降低各产业的成本，促进价值增值，促进科学决策；在教育领域，大数据产业协同创新实现了教育决策的科学化和民主化；在军民融合领域，大数据产业协同创新推动了军民融合产业的深度发展；在城市治理领域，人们利用大数据技术采取数据规训的方式成功实现了城市的秩序规训。协同模式多样化主要体现在三个方面。第一，战略目标协同。大数据产业协同创新必然将多个产业的发展战略目标进行有效整合，在双方达成共识后，相互合作，利益共享。第二，产业梯度与差异化协同。大数据产业在协同创新发展过程中的梯度化和差异化能够有效促进大数据产业协同创新的高质量发展。第三，法治保障协同。大数据产业的特点在于数据的无形性，因此，对知识产权的保护尤为重要，其有利于促进各主体的良性竞争。

大数据时代，我国传统的经济发展模式已不能驱动经济更高质量发展，国民经济转型升级迫在眉睫。在此背景下，大数据产业协同创新与新旧动能转换、产业转型升级等要求高度契合，是去产能、去库存的重要技术手段，是促进经济增长的新动力。信息技术的发展催生了包括大数据在内的人工智能、云计算等高新技术，持续更新升级的信息技术将为这些前沿技术的融合编织稳固的纽带。在此基础上，这些前沿技术的协同创新将具有实现超级规模数据库的建立、超快速的数据分析、超高精度的数据处理等强大性能。将这些技术应用到国民经济的各个领域中，有助于推动这些领域的创新，从而为国民经济的发展注入新动力。

大数据产业协同创新是提升政府治理能力的新途径。大数据产业协同创新将从加强政府公共服务职能、提高政府政务服务能力、完善政府信息公开制度、加强政务监管等四个方面提升政府治理能力。

首先，大数据产业协同创新有助于加强政府的公共服务职能，推进服务型政府的建立。交通、基础设施等领域是民众使用高频、需求迫切的公共服务领域。在大数据产业协同创新过程中，政府有关部门可以利用大数据技术挖掘国民对公共服务的精细化需求，为政府高效履行职能提供决策依据。

其次，大数据产业协同创新有助于提高政府的政务服务能力，推进智慧型政府的建立。大数据技术是一种新兴前沿技术，政府有关部门已开始利用大数据技术将数据的规模计算、分析、处理应用于日常管理工作。大数据技术的利用有助于政府梳理海量数据，挖掘数据价值；有助于政府开通电子政务平台，实施电子政务操作，从而推动形成政府治理现代化体系。

再次，大数据产业协同创新有助于完善政府信息公开制度，推动开放型政府的建立。应利用大数据技术对政府工作领域内的微型数据、小型数据、大型数据等进行综合分析、处理，从中挖掘出与城乡居民联系密切的有价值的数据并在政务信息中公开，以促进政府数据的开放共享。

最后，大数据产业协同创新有助于加强政务监管，推进阳光型政府的建立。大数据产业协同创新将有效汇集政府工作各个环节的数据，通过大数据技术的分析功能，识别并锁定权力运行的合理范围，对权力进行有效监督，促使权力在阳光下运行。

大数据产业协同创新是实施创新驱动发展战略的现实需求。大数据产业协同创新将渗透到各个行业，带动各个行业的创新，进而驱动整个国民经济的发展。随着大数据在工业、金融业、健康医疗业等产业的应用不断深化，产业的发展方式将逐渐转变，产业发展也将不断获得新的动力。在工业方面，2018 年 6 月工信部印发《工业互联网发展行动计划（2018—2020 年）》，明确提出推动百万工业企业上云，而此计划只有通过工业与大数据产业协同创新才能实现。这种新型的工业发展方式是工业转型发展的有益实践，将有助于提升国民经济现代化的速度、规模和水平。在金融业方面，由大数据处理带来的量化交易等智能投资顾问将为金融业开辟新的蓝海市场。这种智能投资顾问方式不仅能弥补传统金融交易的某些不足，还能降低交易成本。在健康医疗产业方面，大数据产业的协同创新将有助于推动"互联网 + 健康医疗"数据库的建立，满足患者个性化的需求，开启多元医疗应用市场，发挥健康医疗等新兴产业拉动经济增长的引擎作用。此外，大数据产业协同创新也将减少市场中交易主体信息不对称问题。无论哪种市场，都可以依据某一现实应用需求采集数据建立相应的数据库，大数据技术将帮助企业、个人从海量的数据库中挖掘出所需信息，帮助企业、个人进行交易等决策，减少信息不对称问题的发生。

三、大数据产业协同创新推进策略

近年来，我国大数据产业协同创新获得了快速发展，但也存在一些问题。首先，虽然协同创新的规模大，但质量较低。低端的大数据产业协同创新难以形成规模效应，开发成本较高。其次，虽然大数据产业协同创新模式多样，但缺乏有效模式的创新。很多大数据产业协同创新模式不可复制、不可推广。再次，大数据产业与传统产业之间难以实现有效融合。产业结构的不合理给大数据产业协同创新带来了严重阻碍。基于以上问题，本节提出以下对策建议。

（一）构建大数据产业协同创新生态体系

随着经济的快速发展和科学技术的不断进步，大数据产业在我国发展迅速。信息通信技术的快速发展为大数据产业的发展提供了技术支持，国家大数据战略和各级政府相关政策部署加快了大数据产业的发展进程。在诸多利好因素的影响下，我国大数据产业蓬勃发展，市场潜力逐步显现。从区域发展来看，我国大数据产业区域发展差异较为明显，东部发展迅速，西部次之，中部再次之，东北部排在最后，但各地区大数据产业规模都呈增长之势。我国具有代表性的大数据产业集聚区主要有京津冀地区、珠三角地区、长三角地区和大西南地区。然而大数据产业最集聚的地区是京津冀地区，其辐射范围也在逐渐扩大；利用信息产业和计算中心的优势，珠三角地区不断加强大数据产业的集聚发展；长三角地区则积极推动大数据应用于公共服务领域；大西南地区利用政策优势，积极培育、引入大数据产业以带动区域经济发展。

（二）积极探索大数据产业协同创新模式

既具特色又可以复制推广的大数据产业协同创新模式可以为大数据产业的可持续发展提供动力。大数据产业作为新兴战略产业，其发展打破了传统产业发展的模式，通过“互联网＋”，与其他产业协同发展，构建出以企业为核心的大数据产业协同创新模式。有关部门应借助互联网中的云服务，引导其他产业与大数据产业协同发展，运用互联网技术优化整合两者之间的组织关系和发展关系。要结合市场化、信息化原则等，推动大数据产业链向高端发展，使产业协同发展的效率不断提高。通过成立区域“协同创新战略联盟”，建立合作团队，共同规划本区域大数据产业协同创新发展模式。以战略联盟为纽带，形成分支智库，从技术、管理、运营等多方面探讨协同创新模式的构建，并通过不断尝试，形成较为成熟的协同创新模式。

（三）推动大数据产业科技资源信息共建共享

从现有情况来看，科技资源共享主要存在有偿共享和不共享两种情况，只有一小部分是无偿的和共享的，但共享方式比较单一。虽然有关部门搭建了很多网络平台，但其仅仅提供某些资源的信息简介，并不展现具体的资源内容。所以有必要搭建大数据产业协同创新发展科技资源信息共享平台，将不同部门收集到的信息资源进行共享。政府各部门应对资源进行有效协调，保证信息沟通顺畅，解决好多种来源信息的管理问题；定期对资源保存单位开展监督和评价工作，为科技资源信息的共享保驾护航；处理好政府与科研单位之间的信息管理关系，因为很多科技资源信息都是由科研单位提供的，政府要求资源信息共享，难免会受科研单位的限制，因此，政府应设立专门的岗位，安排专人从事资源的共享共建工作；参与共享共建的单位应积极履行共享协议，对共享资源的利用情况及时给予反馈。

（四）促进大数据产业结构不断优化升级

大数据产业结构的优化升级主要涉及大数据对于政府、企业和个人的应用价值的提升。首先要挖掘大数据在企业商业方面的价值，这是实现企业资源优化配置的关键所在。企业是大数据产业协同创新的重要载体，所以要利用大数据技术深度挖掘企业在发展大数据产业方面的客观条件，择优选择出优质企业来推动大数据产业的协同创新发展。大数据产业在积极挖掘商业价值的同时，也要兼顾政府和个人方面的价值，使整体发挥出经济效益最大化。大数据分析结果可以为政府决策提供参考，有助于改善民生。政府不仅是大数据的主要支配者，也是大数据产业协同创新发展的主要评价者。在工业化和信息化深入融合的背景下，大数据在促进企业特别是工业企业信息化水平的提升方面能够起到至关重要的作用，而工业企业信息化水平的提升能促进相关产业链的延伸并推动产业链向高端发展。为保证大数据产业协同创新的顺利进行，政府必须做好统筹规划、协调、组织等工作。为保证市场在资源配置中起决定性作用，也要充分发挥市场的作用。此外，在“互联网 +”和智能制造背景下，需要重视“未来型”大数据的建设。所谓“未来型”大数据建设，就是在网民不断增加的背景下，大数据在未来可以持续产生，不断积累，并被运用到社会生活的各个领域，进而为大数据产业协同创新发展打下坚实的基础。

第二章 高校课程管理

第一节 课程概述

高校课程是教学活动开展的依据，教学过程就是按照课程计划，通过师生的双边活动和互动，实现课程各项教学目标的过程。课程及其教学工作是高校实现教育目的和培养目标的重要基础。

一、课程的基本观念

课程概念随着人类社会教育产生应运而生。在教育领域中，人们广泛地使用课程这一术语，并且有许多不同的理解，可以说是“众说纷纭，莫衷一是”。关于课程的定义，至今有百余种，如学者鲁尔在其博士论文《课程含义的哲学探索》中就列举了119 种。

所谓“课程”，是指课业（学业范围或教学内容范围）及其进程的总和，即为实现某教育目标而选择的教育内容和进程的总和。它是由一定的育人目标、基本科技文化成果以及教学活动方式组成的，以指导育人计划和引导学生认知、掌握某种技艺、提高能力和素质的一种规定等。

课程是一个发展的概念，其内涵和外延随着社会的进步和教育的发展而变化。由于教育观念、主张的不同，对于“课程”的诠释也有多种。一般来说，对“课程”的理解有广义和狭义两种。狭义的课程常指被外人教学计划的各门学问的范畴，及其在教学计划中的地位和开设进程的总和。随着社会的发展，那种把课程理解为以学科为中心的认识受到了挑战，课程不再被看作简单的单向传递过程，而是双向交流、互动的过程，现代教育要求课程要突破以课堂、教师和教材为中心的界限，使教育活动克服以学科、智育为转移的唯理性模式的束缚，在更广阔的范围内选择教学内容，更有效地确定教学策略和教学进程。这是用系统的、科学的、全面的观点和目光来看待课程的。

所以，广义的课程是指学校有计划地引导学生获得预期的学习成果而付出的一切努力。显然，与狭义的课程观相比，广义的课程既包括教学计划（培养方案）内的，也包括教学计划外的；既指课堂内的，也指课堂外的；既指显性的，也含隐性的；既有理论性的，又有实践性的。总之，广义的课程观把课程与学生的全面发展联系了起来。现代课程，应包括学生成才所必需的认知经验、道德经验、审美经验和健身健心经验诸要素。

课程既然是教学内容（课业）及其进程的总和，那么高等教育的课程就不仅包括理论教学的内容，而且还包括校内外实践教学活动。所以高等教育的课程是其教学计划、教学大纲以及教材所规定的全部教学内容和全部教学活动的总和。

二、课程分类

高等教育的课程，可以从不同的角度来分类，并具有多种多样的类型。

（1）以哲学观为标准，可把课程分为学科中心课程、学生中心课程、社会中心课程。

学科中心课程是以文化遗产和系统的科学知识为基础建立起来的各门学科的最传统的课程的总称。各门学科都具有自己的逻辑和系统，是独立、并列地编成的；并根据不同学科的相关性排列组合，按一定顺序开设的。学科课程的最大优点是它的系统性、逻辑性和简约性，可以高效地传授系统的科学文化知识，有利于学生学习和巩固基础知识，掌握系统的科技文化知识。其缺点在于它是人为的“分科”，缺乏内在整合性，在某些方面忽略了知识的联系性，从而割裂了学生的理解力或领悟力，容易脱离学生的兴趣和生活实际。目前，学科课程仍然是世界各国高等教育广泛采用的一种课程类型。

学科课程的另一方面的问题，是对学生本体关注不够，忽视学生的个性发展。学生中心课程则相反，它有利于学生个性发展。它是从学生的兴趣、需要出发，以学生现实智能为基础，组织课程教学，便于调动学生的主体精神和积极性，有利于个体发展和个体经验的整合，从而使学生的个性得以较全面地发展。这类课程的实施，以组织活动较多，以经验积累为主。所以，又称为活动课程或经验课程。其缺点是容易忽视理性知识的系统性，偏向实用主义。

社会中心课程主要强调课程的社会功能，对人的发展与知识的传授，均以适应或改造社会为准则，带有明显的工具主义倾向。

如艺工融合高校课程应体现培养目标和人才培养模式的特色，亦即体现鲜明的职业导向性，做到有机结合。在专业基础课程上，一方面要保证基础理论适度；另一方面要加强技能训练；专业课程更要偏重行业能力的训练，多借鉴“活动课程”的形式。

（2）从课程是否列入教学计划的部分可区分为正式课程（或称显性课程）和非正式课程（或称潜在课程，隐性课程）。前者为正式列入教学计划的课程；后者是渗透在正式课程，以及学校制度、校园文化、师生交流和校外实践活动等中对学生起潜移默化作用的“课程”，给学生在道德、行为、价值观、情感、态度等诸方面以潜在的教育和影响。

（3）从课程的层次结构上则可划分为公共基础课程、专业基础课程和专业课程。

（4）从课程对某一专业的相关性和适用度来看又可区分为必修课程、限选课程和任选课程。

（5）根据课程是以传授科技知识为主还是以训练技能、技艺为主还可把课程区分为理论型课程和实践型（或称实训型）课程。

（6）根据课程规模大小也可将课程划分为大、中、小和微型课程。

（7）根据课程在教学计划中的地位和作用通常将课程区分为核心课程、主干课程和一般课程。

（8）按照课程开设的时间关系（内容衔接关系）又可区分为先行课程和后续课程。

三、艺工融合高校课程的基本特征

艺工融合高校课程，与其他高校课程相比，有许多明显特征，如专业、行业针对性强，对社会需求反应大，强调课程的融合性（或复合性）和应用性，强调能力和技能的培养，课程制订与实施多元化等。

（一）专业、行业针对性强

艺工融合高校课程就必须有很强的专业、行业的针对性。亦即，课程一方面必须紧密针对有关专业、行业领域的业务活动，使大学生真正掌握专业、行业必需基本技能以及相应的知识，具有较强的专业针对性；另一方面，由于区域经济发展的不平衡及行业技术水平的差异，课程目标又要带有区域特色和行业特点，所以又要有行业的针对性。

（二）对社会需求反应快

社会需求是艺工融合高校课程的出发点，使课程的针对性必须适应社会发展的速度，根据社会对人才需求的变化，做出最快的反应，才能培养出社会各行各业所需要的合格人才。所以，艺工融合高校课程更新的周期远比理论本科教育快得多。

（三）强调课程的应用性

艺工融合高校教育是应用学科教育，要求“学以致用”，培养应用型人才，这就要求在课程内容和实施环节上强调紧密联系实践。训练应用能力和操作技能。在选择和组织课程内容时，要紧密围绕典型的或主要的专业活动，将专业知识按认知规律展开，方便大学生理解、掌握和应用，更具有艺工融合的特色。

（四）强调能力和技能的培养

一方面大学生毕业就能履职顶岗工作，或者经短暂适应期就能熟练地适应岗位工作，是现代用人单位对大学毕业生的要求。所以，艺工融合院校中实践性课程必须占有相当大的比重；同时，理论性课程也要配有足够的实践环节，以加强实际操作能力的训练。

另一方面，艺工融合教育培养的不仅仅是一个个职业者，而是一个个能生存、会发展的活生生的社会人。他们不仅能在当前岗位很好地工作，而且能在工作环境常变、岗位流动性增强的当今社会，具备不断开发自身潜能和适应岗位、职业变化的能力。因此，艺工融合教育的课程也要加强大学生的职业通用能力的培养；注重开发或挖掘自身潜能的能力培养；注重他们的个性发展与人格完善。

（五）课程制订与实施多元化

艺工融合教育的特点，就决定了其课程的开发、制订和实施的主体多元化特征。很多院校都设有由企事业界人士和教育界人士组成的专家委员会，负责制订专业教学计划和课程标准，审查和评估所设课程及实施方法。这是因为来自用人行业的专家对于社会职业岗位及职业内涵变化最为敏感，能把社会对教育的要求较快地反映给学校；同时对大学生的业务训练，学校难以承担，而通过聘请企事业专家积极参与到课程实施中来，可加强学校与企事业、行业、社会的密切联系与合作，吸引社会教育资源，实现产学研的真正结合。

四、课程的结构要素

对于艺工融合教育课程而言，需要研究其五个方面：确定课程目标、选择课程内容、组织课程内容体系、课程实施和课程评价。可把这些看作是课程的主要结构要素。

（一）确定课程目标

课程目标是课程的预期学习结果，包括学完课程之后，高职生要获得的知识、技能、技艺、态度、情感等。课程目标应是专业教育目标的重要组成部分，由专业教育目标细化而来，同时要考虑高职生的现有素质；行业、职业及岗位的需求、课程专家和学科专家的建议；国家、地方的教育方针政策以及学校所具备的开课要求等。确定目标之后，就要对其进行尽可能详细而明确的描述。

（二）选择课程内容

即根据课程目标的解读，选择能达到这些目标所需的知识、技能、通用能力和职业能力等内容，这就要求做好职业分析。职业分析是高等职业教育课程内容选择的基本方法。它是对某一职业或行业深入进行调查研究，厘清所要求的技术知识、操作程序和操作技能、工作态度和情感等，编成任务目录。在此基础上，选择课程内容，选择或编写教材，选择实验、实训或实习活动。

（三）组织课程内容体系

课程内容体系结构，可以从课程内容本身的逻辑结构、活动的自然顺序、心理学顺序、学生的学习背景与需要、兴趣等不同方面进行。目前，课程内容的组织主要来自应用学科的逻辑结构，还应当关注职业、行业活动的自然顺序。

（四）课程实施

即将选择并组织好的课程内容付诸教学实践。课程的实施，不仅要求教师要注重新的教学方法与教学手段的运用，搞好教学设计，讲究教学策略和教学艺术，而且对艺工融合院校的师资与设施以及各种实训条件也提出了较高的要求。

（五）课程评价

即对所实施课程的过程和结果进行评价，以确定课程实现其目标的程度，同时可提供反馈信息，为课程的进一步改进与完善找到依据。评价可分为内部评价、外部评价和自我评价。内部评价是指学校对课程开发、制订过程、实施过程、课程目标达标度、课程体系的完整性进行评价；外部评价是指由校外机构根据学校所培养出来的人才规格水平做出评价。评价机构可以是政府教育行政部门，社会用人单位或中介机构。

艺工融合教育课程与专业设置密不可分。不同专业之间课程设置有差别，同一专业不同的专业途径（或方向）也会对课程设置有所影响。所以，研究艺工融合教育课程，必须研究相对应的专业设置。

第二节　课程建设的实施

一、课程建设方法与途径

（一）加强课程建设的组织领导

学校教学工作委员会是课程建设工作的领导机构，要切实加强对课程建设工作的领导、组织、指导和监督等。学校教务处是课程建设工作的具体工作机构，对全校课程建设工作进行总体规划，制定相关政策，规范课程建设评估指标及标准，进行宏观管理、监督、检查和验收等。系（部）要成立课程建设小组，对本系（部）承担的课程建设做好计划，确定重点，组织实施。

（二）制订课程建设规划

高校应根据自身的专业定位与特色制订课程建设规划，开展课程建设工作。按照人才培养目标要求，制订课程改革与建设方案，通过课程建设，带动其他工作，从而提高学校整体教学工作水平。

（三）树立整体课程建设观

树立整体课程建设观，对各项课程建设工作进行有机整合与整体推进，提高综合建设水平。充分考虑前后课程的衔接，实行专业课程结构体系改革，在课程内容与教学方法结合上，应符合高校人才培养模式的要求，深化理论教学改革，加强实践教学，加强对学生专业素质和能力的培养，形成特色。

（四）一般建设与重点建设相结合

在课程建设中，采取一般建设与重点建设相结合的政策。高校的课程建设，要在科学规划的基础上全面开展课程建设，同时，应根据学校的专业建设特色，有计划、有重点地加大重点课程建设的支持力度，力争建设好一批重点课程和精品课程，以此提高学校课程建设的特色化、科学化和现代化。

（五）实行分级分类建设与管理

为了调动各级办学组织的积极性，课程建设可以采取分级分类建设与管理的办法。国家级、省级、校级重点课程及国家级精品课程建设以学校为主负责建设和管理，一般性课程以系为主负责建设和管理；文化基础类课程（包括实验课程）主要以学校为主组织建设，专业课程与专业实践课程主要以院（系）为主组织建设，形成分级分类建设与管理体系。

（六）校企合作共同建设

高等教育应用性专业培养的是生产、建设、管理和服务一线的高等技术应用型人才，显然，用人单位最清楚生产一线对人员的知识、能力和素质的具体要求。所以，加强校企合作，请企业工程师、技术员、管理者和经验丰富的技术工人参与学校课程建设，会使课程建设的内容等方面更贴近生活实际，更具有针对性，从而使学生的知识、能力和素质更符合企业的需要。

（七）建立课程建设激励机制

学校定期进行课程建设情况的检查、评估和等级认定，并对课程建设成效突出的单位和课程组成员给予一定的奖励，对课程建设成效差的，给予相应的惩罚。

二、课程建设改革与创新

课程建设改革与创新是高校课程建设长期而艰巨的任务，也是提升高校课程建设质量的重要内容，需要进行认真探索。

（一）树立能力本位的课程建设观

应用性专业教育的鲜明特点决定了高校培养的是高素质专业型或者复合型人才，采取能力本位的课程观有利于加强学生科技应用能力的培养。所以，课程建设应树立能力本位的课程建设观，以适应社会需要为目标、以培养综合应用能力为主线设计学生的知识、能力、素质结构和培养方案，以市场需求为导向、以职业岗位（群）为依据确定课程建设内容，培养适应市场需求、企业欢迎的高素质人才。

（二）进行课程整合

对现有的高校课程进行整合，既是科学技术发展到一定阶段的客观需要，也是高等教育自身发展的客观规律。科技发展及各学科相互之间的交叉与整合，职业与职业之间相互渗透与融合，迫切需要对高等教育的课程进行整合。从高等教育的现实情况出发，高校课程的整合重点应放在专业基础课和专业课程上。专业基础课整合，主要围绕着能够“支持相近的多个专业的专业课程”这个特定的教学目标要求展开，通常整合后的专业基础课程所涉及的“面”比较宽；专业课程的整合，主要围绕着能够“承担该专业的主要工作任务”这个特定的教学目标要求展开，通常整合后的专业课程所涉及的“点”比较深。

在课程整合的过程中，应遵循以下基本原则，即围绕着特定的教学目标要求，去掉重复的部分，合并类似的部分，删减繁琐的部分，扬弃过时的部分，保留个性的部分，增加先进的部分。

（三）加强精品课程建设

精品课程是高质量的示范性课程，是高校课程建设的“排头兵”。开展精品课程建设有利于促进课程建设在内容、方法和手段等方面进行全面改革与创新，对于推动高校课程建设整体质量的提高有重要意义。加强精品课程建设应注意处理好传统与特色、规范与创新、内容与方法、基础与专业、教学与科研、点与面的关系，把握好授课、讨论、作业、辅导、实践、考试和教材等关键要素，以精品课程教学改革为突破口，构建课程教学内容体系，将精品课程建设与培养教师素质特别是教师教育教学素质等统筹考虑，并要充分调动学校等各方面的积极性。通过精品课程建设，全面带动学校的课程建设工作，推动教育教学水平迈上新台阶。

第三节　课程开发

一、课程开发概述

课程开发属于课程建构问题。与之相关的术语，还有课程设置、课程设计、课程编制、课程研制、课程建设、课程实施、课程评价等。这里主要解释课程开发的概念，并简论与其相关概念的关系。

（一）课程开发的概念

中外学者为课程开发下了多种定义。综合这些定义可知，课程开发是指产生一个完整课程或产生一系列完整课程的全过程。课程开发是属于课程范畴的实践活动，是一个连续的动态的构建新课程或革新课程的分析、规划、设计、实施和评价的实践活动的过程。

目前比较公认的课程开发概念，是指在一定的课程观的指导下，产生或建立一系列课程方案与课程文件的全过程，即包括课程调研分析、课程编制、课程设计、课程实施、课程评价诸个环节。

（二）课程开发系统

从系统论的视角来看，课程开发也是一个完整的系统。课程开发系统的组成要素有以下几点。

（1）课程开发主体。即实施课程开发的主导者和参与者。一般来讲，课程开发的主体具有多元性，包括各级政府的主管教育部门、企业和行业、学校；教师、课程专家、教学专家、职业或行业专家及其他参与开发的人员。

（2）课程开发对象。即课程，包括课程体系和课程。课程体系也称为课程方案或人才培养方案，由一系列课程组成。

（3）课程开发机制。包括课程开发的组织机构，建立规则和制度、工作方法和程序等。

（4）课程实施。即对开发的课程进行试行和检验。

（5）课程评价。即对开发的课程及其实施过程、结果进行价值判断。

（三）课程开发的层次与类型

按照课程开发的主体和对象来区分，可以区分为国家开发课程、地方开发课程、学校（或学校与企业）开发课程、教师开发课程，可分别简称为国家课程、地方课程、校本课程和师本课程。

现实课程开发中，这四个层次是互相关联的。换言之，有的课程可以逐层逐级开发，可以自上而下的开发，也可以自下而上的开发。

（四）课程开发原则

任何课程开发都要遵循一定的原则。

（1）课程设置中的专业指向性原则。高等教育是一种专业性教育，专业课程设置应具有很强的从业指向性或针对性。

（2）开发主体多元性、多层次性原则。高等教育具有社会公益性和鲜明的专业性，其课程特别是专业课程的开发与决策，不能“闭门造车”。专业课程的开放性、实用性，使课程开发的主体必然带有多元性的特点。也就是说，课程开发的主体，包括国家、地方教育主管部门，行业代表，学科专家，课程专家以及高等院校领导和教师等，亦即调动各方的积极性。尽管，在课程开发的不同阶段，各类人员的参与程度、作用不同，但原则上，每一阶段都需要多方面的相关人员参与。

（3）目标的明确性、灵活性和衔接性原则。无论是整个课程系统还是每门课程都要有明确的目标、宗旨和指导思想，以便高瞻远瞩，全面规划课程的开发、设计、实施和评价。课程系统的总目标、课程的分目标和子目标，都应力求具体化、行为化和可操作化。总目标的表达可参照行业特点；但课程的分目标和子目标要尽可能地强调可操作性。所有课程的开发都要以目标为中心来展开。目标本身必须是合理的、经得起推敲和检验的，充分体现专业结构、岗位要求和大学生学情和学习风格等，专业核心课程的开发，要与大学生就业与发展的能力需要相匹配。

作为培养目标服务的大学课程系统如课程的开发，在课程内容和课程资源的开发方面，都要有一定的灵活性，才能保持活力。课程开发应充分掌握课程系统内各个课程之间的结构关系，保证课程纵、横向衔接，既要防止彼此脱节，又要防止不必要的重复。课程开发的这种承接性原则，也称为关联系统原则，它决定着课程中目标、内容、实施、评价的关联性、一贯性和有效性。

（4）理论精练性原则。专业课程需要一定的技术理论知识和科学理论知识作为支撑，以便使操作知识和操作技能有所加深和拓宽，但又要做到少而精。“少”应以够用为度，而要使操作知识和技能的学习获得足够的程度；“精”要以使用为准绳，即着眼于操作知识和操作技能达到精熟，能“举一反三”，灵活应用。

（5）结构的核心化原则。模块化的课程结构是把课程内容划分、编排成便于灵活组合的单元（技能单元、知识单元、情景模拟单元等）。同一模块既可供一个专业使用，也可以供几个专业使用；大学生可以根据其需要、兴趣选用不同的模块，也可以增减模块。

（6）资源开发多样化原则。课程开发要充分注重课程建设，广泛运用各种载体，开发和利用各种课程资源，包括书面图文载体、录音、录像、多媒体、网络等现代教学媒体、实训培训基地或实习工厂，所以课程的载体和形式必然是多种多样的，载体的形式可以是真实的，也可以是仿真的或模拟的。

（7）评价的适时性原则。专业课程开发是一个开放的系统，也是一个实践性很强的系统，所以对其每一步、每一环节，都应注重反馈调节，诊断状态，发现问题，不断建立更加合理有效的调整方案，逐步接近最优课程，所以适时评价是不可或缺的。

（8）开发信息性原则。专业课程开发是一个不断尝试的过程。在科技高速发展和信息发达的当今时代，课程开发信息的收集和研究是保证课程开发最优化和先进性的基础工作。不仅要收集研究已有的信息，还要不断地发现问题，开展面向未来的研究。使课程开发高瞻远瞩、有一定的预见性。

二、课程开发的方法与流程

（一）课程开发方法

（1）学科课程开发。根据学科知识体系和逻辑，进行课程内容、体系的选择和组织。

（2）专业课程开发。采用工作系统分析法进行。工作系统分析（包括典型工作任务分析和工作过程分析），是专业课程的重要基础，本质上是一种分析和确定某种专业所需能力的途径。

课程体系结构方案和课程的开发，是一个很复杂的过程。可以将该过程细化为若干环节组成,形成一个完整的课程开发流程：

学科分析—学情分析—课程资源分析—课程体系结构—目标分析与建构—课程内容体系设计—课程实施—课程评估。

（二）课程开发的基础分析

从相关领域人才需求分析着手，这个分析可称为课程开发的基础分析，这项分析包括人才市场需求分析、学科体系分析或行业工作体系分析、学生分析和课程资源与环境分析。

（1）人才市场需求分析。这项分析应以高校服务面向的经济、社会和技术发展现状与趋势为基础，以便了解服务面向的产业结构调整和优化发展的情况、人才需求状况和实际要求。

（2）学科体系分析或行业工作体系（工作任务和工作过程）分析。选择和组织课程内容。

（3）学生分析。这是极其重要的分析，但往往被忽略了。这项分析应特别关注社会转型过程中人的社会心智和大学生群体的特征（学习的基础和心态，学习风格等），要特别强调对个人特征和先期经验评估的重要性，这是组织大学生为中心的教学过程的真实基础。

（4）课程教学资源与环境分析。这项分析关系到高校课程教学场的构建（当前比较重视的是硬件——教学设备等各项物质条件的建设，而课程人文环境的构建却常常被忽略）在高校课程开发路径中，应特别强调市场调研和工作系统分析的重要性。

（三）专业课程体系结构方案的开发

（1）确定专业培养目标和课程目标。专业培养的总目标，课程目标和学习目标（目标体系）。

（2）构建各门课程的内容和结构。

（3）编制课程开发、设计、实施和评估等指导性课程教学文件。包括以下两点。

①专业课程体系结构方案，亦即专业人才培养方案，又称为专业教学计划。

②课程标准，或称为课程教学大纲，用以进行课程教学设计。一般应包括课程名称、适用专业、课程性质、课程目标（能力目标，认知目标和情感态度目标）和课程内容结构体系与要求。

（4）课程教学设计包括课程整体设计和单元课教学设计在制订课程教学文件中，必须发挥课程开发多主体的综合作用（如前所述）和课程团队的作用，校领导的决策职能和教学管理职能部门的课程管理作用。

（5）课程资源开发包括软、硬课程资源的开发，以构建完善的课程教学场，保证形成生机勃勃、浓厚的学习气氛（人文环境）。

①硬件课程资源的开发。教师要充分运用校内外教学场所、实验、实训、实习基地或场所，开发每个单元、每节课的课程教学的硬件资源。和学生共同建构真实的或仿真的教学情境，建立良好的课程学习环境。

②教学媒体的选择和设计。在具体地实施课程单元教学过程中，教师应当根据课程目标、任务和能力培养特征，合理地、择优地选择有关媒体或者有效地组合利用媒体，以保证“理实一体化”课程的有效实施，确保教学媒体与工作经验和学习经验的统一。当然，根据能力培养、工作规范化等要求，采用动画技术、虚拟现实技术和典型工作情境、自设自制 PPT 课件，可以更好地展现教学情境的真实性和直观性。

③开发课程教材。由于习惯的因素及现有课程资源开发的整体状况、课程教材（纸质的、电子介质的）在各类课程资源和课程媒体的开发中仍占有重要地位。

④构建实施课程的人文环境。

（6）课程教学实施。教学实施可以在真实的工作环境中或仿真的工作环境中进行，教师学生共同构建教学情景，展开教学过程。所以，这样的课程必须将校内外实验、实训、实习基地作为依托，充分开发和利用课程资源。同时，在课程的实施过程中，充分调动学生的主体性，使他们主动地行动起来，当好教学的“主角”，教师则要做好“导演”工作。

（7）课程教学评估。这是教学实施过程中或之后的重要环节。应当采用多种评价方法。分析学生知识技能发展的状况。各种课程都要注重形成性评价。应用艺术专业课程最宜采用形成性评价。要把学生自评、互评和师评紧密结合起来。

第四节　课程整合

课程整合是课程改革的重要组成部分和途径。本节主要讨论课程整合通专课程、专业课程之间、专业课与专业基础课之间等的整合。

一、课程整合概述

所谓“课程整合”，就是将相关的课程进行整合，将它们“结合在一起、融合成一体”，形成一门新课程或课程体系。高校课程改革是一个不断进行“分化”与“整合”的过程，即课程整合的过程。专业课程和通识课程、专业课程和专业课程、专业基础课程和专业课程，课程本身内容之间等，都需要不断进行“分化”与“整合”。

①通过通专课程的整合，使科学教育和人文教育、艺术教育紧密结合，形成和谐协调的关系，促进大学生更好地全面发展；保证专业课程与公共基础课程配比合理，使公共基础课程成为专业课程教学的可靠基础。

②通过专业课程与专业基础课程的整合，确保新型专业课程的建构，更好地提高大学生的综合能力和专业素质，确保实现大学生快速就业或自主创业，或继续深造。

③通过课程本身的整合，使“新”课程（整合形成的课程）真正具有新的教学模式和教学策略，达到课程的教学目标，使大学生掌握“做什么”“怎么做”的知识技能以及明白“为什么这么做”“还可以怎么做”等，保证大学教育应当具有的水平。

二、通专课程的整合

（一）专业教育及其存在的问题

“专业教育”有广义和狭义之分。广义“专业教育”与高等教育是同义的；狭义“专业教育”是培养专门人才的教育，是指为大学生从事某一专门领域工作所需要的知识和技能做准备的大学教育。

高等教育的知识和技艺是按专业来划分与设置的，并以分门别类的方式来划分。“专门性”是高等教育的本质特征。随着科技的飞速发展，专业的分化日益激烈。专门化知识和技能的状态，使得专业之间、专业与基础教育传授的知识之间的距离不断增多增大。这样，就使专业教育出现一些问题。

（1）专业分割，各自为政。由于专业划分过细，专业之间缺乏融通，导致学生知识、技能领域过于狭窄，知识结构不合理，综合素质不尽如人意；同时由于办学模式趋同。专业教育缺少自身特色，导致专业设置及专业教育“千人一面”，毕业生的质量和结构问题越来越突出。同届毕业生“平淡无奇者多，出类拔萃者少”，相当多的毕业生面临就业难的问题。

（2）专业课程体系设置不尽合理，专业发展缺少特色。

（3）专业教学过程脱离学生的学习经验或体验。组织课程的依据在于课程知识的逻辑结构，而忽视学生的需要、兴趣与个性心理等特征，以及现实社会问题与个体生活经验。忽视生成性目标；没有摆脱“教师中心”“教材中心”的传统模式；教学方法停留在“单向传输”范式上，强调知识记忆，缺乏创新；在学业评价方式上，仍然采用“总结式”和“标准答案”等。

鉴于上述问题，不少学者提出改革专业教育，将专业教育与通识教育进行有机整合，加强大学生学习能力、创新能力及专业能力的有效培养，全面提高人才培养素质。

通识教育，现在已经赋予“通识”以新的内涵，可以将“通识”的理解深入到人生观、价值观、历史观和审美观领域，集中展现了中国文化对人生学问、知识智慧、道德文章、做人做事等完美境界的追求。

通识教育和专业教育的区别在于，专业教育“往往很难把学生看作是知识的主人，很容易把学生当作是知识的接收器，只注重教育学生在社会上‘做’人的角色，忽略了教育学生做自己生命的主人”。通识教育的实质，就是让学生认识作为“人”的主体地位和科学精神。

在马克思主义看来，科学既是物质的力量，又是精神的力量。科学精神包括五种精神：求真精神、怀疑精神、创新精神、实践精神和团队精神。求真是科学精神的出发点，怀疑是科学精神的切入点，创新是科学精神的增长点，实践是科学精神的立足点，团队是科学精神的契合点。通识教育就是要从多方面培养科学精神。实际上，通识教育和专业教育是教育的两个极其相关的部分。两种教育性质尽管完全不同，但却不能割裂或对立。许多学者认为大学教育应该整合通识教育和专业教育，使学生既掌握“何以为生”的知识和本领，更领悟到“为何而生”的人生意义和生存价值，将“有限的目的”和“无限的目的”统一起来，达到人的全面自由和谐的发展。《高等教育哲学》的作者布鲁贝克指出：“如果一个人是明智的话，他就不只是能更好地谋生，而且能更好地享受生活。”

高校作为培养高级人才的机构，实施专业教育是合理的、必需的。专业化是高校教学和科研能有效进行的基础，同时还有着强烈的社会驱动；专业化还是物质无限多样化的反映。所以，专业化是社会和科学发展的基本规律之一。

专业教育在促进人的专业素质的发展方面起到了功不可没的作用，是人的全面发展的一个重要组成部分。但是，仅有专业教育或者过分的专业教育，会形成人的过分专业化。导致人的一种“新的片面发展”，比如，知识片面化会使人的知识只限于狭窄的专业领域，限制其知识更新和拓展；技能、能力的片面化，会使人形成思维定式，缺乏广泛的适应性，不能适应专业的变化；情趣的“专业化”，可能导致人的视野狭窄、兴趣不广、爱好受局限，成为“单向度”的人。要避免过分专业化，大学就必须实施通识教育。全面发展的人应当既能体现其工具性价值，更能追求其主体性价值。通识教育正是一种促进人的主体意识觉醒的教育，从而能使人挺立心志，自作主张。

综上所述，通识教育和专业教育都是人的全面发展教育中不可或缺的一部分，将两者有效地整合，使它们彼此补充，将会使学生更全面、更和谐地发展。

事实上，两种教育是彼此需要的。仅靠专业教育，学好专业知识、技能，掌握专业能力，养成专业素质，是不够的。要学好一个专业，还要有一定的知识背景，多方面的能力和素质的培养。背景知识越宽厚越有利于拓展学生的思维空间，扩大学生的专业视野，提高学生的创意创造能力，获得学业的成功，为将来事业的成功奠定更扎实的基础。

课程的分门别类是学习知识技能的需要，但运用时还需要在一定程度上整合或综合起来，才能用来分析和解决实际问题。人类认识自然和社会的过程，是一个混淆—分析—综合的过程；同时，在各个专业领域，人们面临的问题越来越复杂、深奥，解决这些问题需要合作、协同精神，需要与人沟通协作的能力；在遇到困难、挫折时，还需要缓解心理压力，调节身心状态……这些都需要通过通识教育帮助解决。所以专业教育需要以通识教育为基础，又需要通识教育来弥补其不足，克服其片面性，以培养出真正高水平的专业人才或职业人才。

通识教育也可以从专业教育那里获得利益，并需要依托专业教育，才能达成其目标。通识教育的“通识”也是相对的。在知识总量急剧增加，新课程不断产生的今天，只能给学生相对的通识教育，即一定专业背景下的通识教育，通识教育不是广泛的面面俱到，而应当在学生掌握比较多的知识的基础上，实行课程的整合，形成知识技能的“大局观、整体观”。可见通识教育的这种融合沟通专业的功能，是建立在专业教育的基础之上的。大学的通识教育应该针对学生的需要、兴趣，结合社会的要求，进行指导；必须加强心智的训练，着重培养洞察、剖析、选择、整合和迁移等能力，使学生能够举一反三，融会贯通，把专业学习过程中获得的知识、技能和能力迁移到实践工作和社会生活中，从而获得更全面的发展。

人们通常认为，科学求真，人文求善与美。但是，两者都是以追求真、善、美为理想，是互通的。在大学中，让通识教育和专业教育携手并进，同时以知识技能、德行、价值观等教育学生，关注他们知、情、意的协调发展，更是为科学与人文架构了互通的桥梁。

（二）通专课程整合的目标以及高校课程目标体系框架的构建

（1）通专课程整合的目标。科学、完美的整合应当促进、实现五个统一：人的主体性价值与工具性价值的统一；人文精神与科学精神的统一；理智训练与专业技能训练的统一；学问修养与人格修养的统一；显性影响与隐性影响的统一。

（2）高校课程目标体系框架的构建。高校教育目的应当包括育人目的、经济目的和社会目的三个方面。具体到课程目标。

（3）大学通专课程的整合原则。大学通专课程的具体整合，还包括以下各方面的整合：课时比例的整合，确保通专课程配比合理和优化；内容上的整合科学合理，保证通专课程紧密衔接、配合和对应；课程实施的整合，如教学模式和教学策略等协调一致。

三、课程之间的整合

大学课程之间的整合，包括专业课程之间、专业课程与专业基础之间、专业基础课程之间的整合，这一大类课程整合，统称为专业教育课程整合，可以运用前述课程开发方式来解决。以下主要讨论专业课程与公共基础课程之间的整合。

（一）课程整合的要求

课程整合的要求包括广泛性和够用性，要求知识面广些；实用性强，理论知识应为应用性强的或者属于应用理论的；综合性强，即多为经过整合的跨学科的、多门类的知识；基础性和辅助性，作为专业技术能力和关键能力培养的基础知识、背景知识和延展性知识。

从总体上看，课程的整合重点，应放在理论知识的选择和准确把握上，并以灵活的方式进行，不必局限于原学科课程内容体系的框架。只有这样，认真按上述“四性”要求，使课程成为课程结构体系中和谐的组成部分。所以，在“整合”时，要掌握下列各点。

①所选的理论知识，对技术应用能力的形成是强有力的原理背景的支持。

②正确而恰当地处理理论知识的广度与深度的关系。

③所选的理论知识，对学习者积极适应现实社会需求和科学发展需求有直接的关联性，即兼顾学习者的现实需要和未来发展需要。

④所选的理论知识，有利于大学生精神品质、思想境界和职业道德、行为的塑造和养成。

（二）课程整合的方向

课程的类型很多，整合趋势和方向也有各自的特点。

（三）课程整合的方法

学科课程整合的方法，可以借鉴创造学总结的最重要的创造技法之一，即组合创造技法。组合类型有多种，如目的组合、功能组合、性质组合、思路组合、方法组合、形态组合、结构组合、原理组合、部分组合、整体组合、程序组合、多方面与多途径组合、超时空组合、跨学科与跨领域组合，甚至还有不合逻辑的组合等，整合类型，也有所类似。

价值融合课程的融合方式主要有两种。

（1）渗透模式。即把价值观的目标与内容，渗透到各个课程之中，使之成为各课程相互关联的核心。

（2）跨学科重组模式。即以价值观为核心，打破不同学科之间原有的界限，把相关内容整合起来，重构一些新的课程，如生态课程、职业生活课程等。

价值融合的这种方式，也可在项目课程应用。这可以提升课程的教育功能和课程内涵的丰富性和深刻性，如科学发展观、和谐社会观、科技价值观、科技道德观、

"天人合一"观。

四、课程内部的整合

课程内部的整合,包括课程教学内容选择与组织、教学模式和教学策略的整合。

第五节　精品课程建设

2004 年教育部发出了《关于启动高等学校教学质量与教学改革工程精品课程建设工作的通知》,启动了高校精品课程建设。

一、精品课程建设及建设工作重点

(一)精品课程的概念

精品课程是具有一流导师队伍、一流教学内容、一流教学模式、一流教学策略、一流教学资源、一流教学管理等特点的示范性课程。精品课程建设是高校教学质量与教学改革工程的重要组成部分。

(二)精品课程建设的工作重点

(1)制订科学的建设规划。各个高校要在课程建设全面规划的基础上,根据学校定位与特色,合理规划精品课程建设工作,并以精品课程建设带动其他课程建设,以提高学校整体教学水平。

(2)切实加强教师队伍建设。精品课程要由学术造诣较高、具有丰富授课经验的教授主讲,并通过精品课程建设形成一支结构合理、人员稳定、教学水平高、教学效果好的教师队伍,且要按一定比例配备辅导教师和实验教师。鼓励博士研究生参加精品课程建设。

(3)重视教学内容和课程体系改革。要准确定位精品课程在人才培养过程中的地位和作用,正确处理单门课程建设与系列课程改革的关系。精品课程的内容要先进,要及时反映本学科领域的最新科技成果,同时,要广泛借鉴先进的教学经验,积极整合优秀教学改革成果,体现新时期社会、政治、经济、科技、文化的发展对人才培养的要求。

(4)注重使用先进的教学方法和手段。要合理利用信息技术等手段,改革传统的教学思想观念、教学方法、教学手段和教学管理。精品课程要使用网络进行教学与管理，相关的教学大纲、教案、习题、实验指导、参考文献、目录等可以上网，并免费开放，鼓励将网络课件、授课录像等上网开放，实现优质教学资源共享，带动其他课程建设。

（5）重视教材建设。精品课程教材应当是系列化优秀教材。精品课程主讲教师可以自编基础教材，制作相关教材，也可以选用国家级优秀教材和国外高水平原版教材。鼓励制作一体化设计、多种媒体有机结合的立体化教材。

（6）理论教学与实践教学并重。要高度重视实验、实习的实践性教学环节，通过实践培养和提高学生的创新能力。精品课程主讲教师要亲自主持和设计实践教学，要改革实践教学的形式和内容，鼓励开设综合性、创新性实验和研究型课程，鼓励学生参与科研活动。

（7）建立切实有效的激励和评价机制。各个高校要采取切实有效措施，让教授上讲台，承担精品课程建设，鼓励教师、教学管理人员和学生参与精品课程建设。各个高校应当对国家精品课程建设参与人员给予相应的奖励，鼓励高水平教师积极投身学校的教学工作。高校要通过精品课程建设，建立健全精品课程评价体系，建立学生评教制度，促进精品课程建设不断发展。

二、精品课程资源建设的主体

课程资源建设的主体是指谁来承担课程资源建设的责任。在现代教育体系中，课程带有公共产品性质，国家和政府是课程资源建设的第一主体；社会也承担着重大责任，各类社会机构总是不断地改革着学校的课程建设；而学校是将课程资源转化为课程要素的主要阵地，是最直接的课程资源建设主体；而专家则是课程资源建设的特殊主体，往往在现代课程资源建设中扮演着特别重要的角色。

三、精品课程资源建设的原则

（一）以教学为中心的原则

课程教学活动是在学校中展开的，离开了学校，就没有现代课程教学活动。现代不断地扩展着学校的功能，使得学校不再仅仅是给下一代灌输知识的场所，而是人们不断“回归”知识与技能的加油站，提高能力和素质的中心。在正在面临的知识社会，学校将成为知识创新的中心。

第一，学校集中了大部分教师，他们是最活跃的课程资源，是具有创造潜力的群体；第二，学校具有绝大部分社会所聚集的各种课程资源；第三，学校自身具有课程资源的生产能力；第四，学校能实现课程资源的加工，使课程资源成为课程实践的现实内容。

学校要充分利用国家和地方所赋予的各种权利，努力开发课程资源，并转化为课程实施的利器。

（二）兼顾公平与效益的原则

公平是构筑现代社会的基础。教育是涉及人的未来发展的重要事业。教育公平是现代社会公平的重要组成部分之一。课程资源建设是优质高效地完成课程活动，实现课程目标的保障。所以，社会在分配课程建设资源时，必须尽最大努力，实现机会平等。

课程资源建设的公平原则，要求社会平等地对待所有学校，公平地分配课程资源；建立公平分配课程资源的机制，保证对不公平的约束。学校内部也要公平地分配课程资源，使得每个学生享受平等教育。但是，公平必须是有效的，有利于社会长远发展，有利于保障社会成员的共同利益，有利于社会进步。

公平必须是有效的，学校课程资源建设必须注重效率，课程建设必须提倡优质高效。这项原则要求提高课程资源的利用率，充分提高各种课程资源的使用价值；要建立课程资源使用规则，促进课程资源的合理分配和合理流动；要厉行节约，反对浪费资源的现象。

（三）教师培养优先原则

教师是最具有创造性的课程资源，是所有课程资源中的核心资源。任何课程的实施和改革，缺乏教师的参与和支持，都不会成功。教师资源不是一般的社会人力资源。一方面，它受人力资源的经济规律的制约，在教师资源调配上，要建立人力资源调配机制；另一方面，要注重其特殊性。人的培养，是一种依赖于教师的职业道德和职业修养的，不能完全用现代的程式化、规范化来衡量教师的工作质量。教师培养本身就是对各种课程资源进行统整的过程。教师是课程资源活的连接点，具有支配各种资源的能动性。所以，教师的培养在于发展教师的能动性，而非给予多种限制。

教师培养优先原则，第一要求课程资源建设把教师放在首位，教师培养不是灌输某种观念，而是启发新思维，学习新知识，掌握新技术的全面培养；第二，教师培养要与其他课程资源建设相配套，如研究型课程的开发和推广，就要对教师进行相应的培训；第三，教师培训是一项长期的工作，要以不断地调动教师的积极性、创造性为根本宗旨，使教师在教学改革实践中大胆地开拓、不断地创新。

（四）以市场配置为主，以计划调节为辅的原则

现代教育体系越来越复杂，课程资源既是社会问题，又是教育问题。作为社会问题，它必须与社会配置资源的运作一致。社会配置资源的方式主要有市场与计划两种，市场能给人更多的自主权，具有一定的开放性和灵活性，但是也容易引起恶性竞争，造成资源浪费；计划给予人以更多的控制权，具有较强的目的性和方向性。但是控制性强，易造成资源分配上的不公平。

作为教育问题，课程资源配置是各种思想、知识、经验和财力相互协调，形成一个组织严密的有机体。它不是把一些因素简单地拼合在一起，而是要以人为中心，实现各种资源的整合，产生整体的教育效能。所以，要注重发挥人的积极性、主动性和创造性，给予人以充分的发挥空间。

四、精品课程建设的实施

精品课程建设是高校教学质量与教学改革工程的重要组成部分，有关高校要高度重视，精心设计和组织实施，保证国家精品课程的可持续发展。

国家精品课程建设采用学校先行建设，省、市、区择优推荐，教育部组织评审，授予称号，后补助经费的方式进行。教育部将建立“中国高教精品网站”，发布与高校精品课程建设有关的政策、规定、标准、通知等信息，并接受网上申请，开展网上评审、网上公开精品课程等工作。

第三章 大数据与高校学生管理工作

第一节 传统时代的高校学生管理工作

一、制约高校学生管理的主要因素

高校学生管理实践中，学生主体性主要表现在以下几个方面。第一，高校学生制度空间带来的规范化结果。福柯在探讨知识与权力的关系时，提出“层级监视、规范化裁决、检查”三种手段，我国高校学生管理与之具有相似性。对于“层级监视”，往往通过高校学生管理组织建立相关制度，以明确的责权划分来执行不同的制度与规章。学生在量化的制度空间里，必须遵守相应的约束机制，才能保障学生管理的稳定性、一致性。在制度建设上，往往以强制措施来提升学生管理职能，强调对学生的严格管理，特别是一些“禁止”、“严禁”等词汇，无形中让教师变成了管理者的角色。在评价标准化上，高校学生管理制度以统一的标准及要求来规范学生，而忽视了学生自身差异性，忽视了学生的健全人格。第二，高校组织空间下的程序化管理。在程序化管理表现方面，一方面是宏观的学生管理组织结构，特别是以学院、院系、班级为特征的组织管理结构，按照纵向关系来实现权力的支配，每个学生都要受到管理者的监督与控制，而学生将成为改造的对象，受制于管理制度中。另一方面，在微观上，学生管理的组织单元为班级，相同专业的不同学生被分入不同的宿舍，再以班级整体目标导向下实行制度化管理，强调班级制度，突出班级纪律，以封闭的班级管理模式来限制班级之间的互动。第三，以控制性文化空间来约束学生思想。从学生管理文化空间表现来看，一方面是实体化的理想教育，每个人都要划入相应的社会理想体系中。另一方面，同质化教育，将科技、知识、能力作为教育的主体，让学生成为技术的附庸。

二、高校学生管理的新模式

（一）强化高校课程改革

从实际情况来看，高校教育仍以应试教育为主，理论课程较多，实践课程较少，这也是我国教育的弊端。因为缺乏实践教育，培养出来的学生大多是高分低能，缺乏实践经验。社会发展需要实践创新人才，实践教育对完善学生自我管理教育具有重要意义，因为实践教学给学生们提供了广阔的学习平台、创新实践机会，从枯燥无味的课堂学习转入了有趣的实践教学，不仅解放了学生，也解放了教师，激发了学生们的学习兴趣，在快乐中学习，在学习中实践，在实践中发现和找到自己的位置，在实践中完成创新，实现了自我管理教育。

（二）强化思想教育

高校学生知识丰富、思维敏捷，但做起事来往往不计后果，直到发现错误时，才后悔莫及，这是因为高校缺乏思想教育。强化思想教育对加强学生自我管理能起到很好的效果，我们应从以下几方面入手。一是加强师生沟通，真诚交流，通过心贴心的交流，教师才能掌握学生们的心理和思想状况，才能找出高校管理、学生自我管理的办法。教师的言行始终影响着学生们的成长，也影响着自我管理教育的实现，所以只有通过热情交流，学生们才能尊重教师，从而使教师管理转换为自我管理。二是教师应充分尊重学生们的科研成果和学术意见，激发学生们的自主创新能力。高校是学术思想最为开放的地方，很多创新理论和科技发明都是在偶然间发现的，因此，应尊重学生们的学术意见，这是实现自我管理教育的好方法。学生管理需要加强以学生为管理基础的管理模式，将学生当作教育管理的核心，实现学生管理的人本化理念，加强民主、平等的管理，从管理目标出发，实现服务管理的转变。坚持一切以学生管理为主，充分发挥学生的优势特点，合理认识学生的优缺点，弘扬学生的个性，让学生从不同角度逐步提高学习水平，培养学生探索发现的创新精神和管理意识，提升学生的创新发展能力。

（三）强化文化体育锻炼

加强文化体育锻炼，重点是培养高校学生的集体观念、团队意识，改变学生们自私自利、孤僻、高傲的性格，培养积极向上的性格。高校教育除了要传授知识、开展实践教学以外，还要注重学生的心理健康和身体素质，有了积极向上的心理素质和身体素质，学生自我管理教育才能顺利实现。心理素质与自我约束、自我管理紧密相连，如高校举办足球、篮球比赛，户外越野爬山等活动，通过这些活动既锻炼了身体，又加强了学生的团结、互助的集体观念，不但有利于学生自我管理教育，还能塑造学生良好的思想性格。

（四）加强网络安全管理

高校学生管理中出现的种种问题，很大部分是受了网络传播的影响，要实现自我管理教育，还需加强学校网络安全管理，净化学校网络环境，将一些暴力网站、黄色网站进行严格清除和屏蔽，给学生们营造积极健康的网络环境。学生也应发起文明使用网络、绿色网络的倡议，在集体的呼吁下，配合公安部门严厉打击网络犯罪，使校园网络环境积极向上。只有保障健康的网络资源，才能使学生们接触安全的网络信息，进而对学生们的心理产生积极影响，使其树立正确的人生观、价值观，避免网络犯罪行为，消除消极的思想。

（五）创新校园发展环境

为学生提供良好的生活学习环境，树立科学的教学发展管理观念，以科学教育为主线，以重大节日为发展管理契机，促进文体活动的发展，营造健康的文化发展，逐步引导学生从思想上认识到文化环境管理建设的重要性。注重个性化文化发展，以学生活动标准为目标，加强校园文化建设，丰富校园文化，实现学生的全面快速发展。

（六）强化人文管理，构建和谐管理关系

良好和谐的师生管理关系是有效建立大学校园环境的基础。学生管理人员要重视学生的情感管理，从学生角度多理解学生、尊重学生，加强对学生的帮助和支持。以有效的执行管理能力，理解学生、关心学生、服务学生，实现校园师生平等管理关系，重视学生的思想发展，消除学生的心理障碍，实现学生的人格塑造和发展。

（七）发展学生组织能力

切实以人为本思想，加强学生组织能力的培养，充分发挥学生的积极作用，不断提升学生的自我学习能力，加强学生的党政建设管理水平，创新研究学生的党政管理建设形势，从而使学校更好地拓展招生发展规模，不断提高学生的学习和生活管理。组织学生以团体形式，开展自我评价管理活动，提升学生素质，引导学生创办适合学生发展的社团，通过合理的活动，实现学生素质水平的多样化发展。

（八）规范学生管理制度

从学校管理制度模式出发，正式开展规范化、法治化的管理模式标准，加强学生基础权利的规范建设，处理好程序的规范性标准。及时有效消除学生中存在的不利因素，充分保障学生的知情权、申诉权。学生管理人员要结合学生合法权益，维护学生的监督管理权利，制订符合实际制度管理标准的方案，尊重学生的管理意见，听取学生的管理要求，鼓励学生监督学校的各项工作，对不合理的工作进行汇报反馈，真正落实学生的发展政策，实现学生与校园的和谐稳定发展。

第二节　高校学生管理工作大数据的概念

随着信息技术的快速发展，大数据时代正悄然来临，高校作为思想、信息、知识交流的前沿阵地，在管理方式和管理观念上必然要受到大数据的深刻影响。如何应对大数据时代下的高校学生管理工作情况，以及如何做出相应措施，是摆在人们面前的重要课题。文章对此进行了研究并提出了相应建议。

目前，互联网的状态发生了巨大的变化，移动媒体的大力推行，让互联网的"流通疆域"更加广泛。自 2013 年被认定为"大数据元年"后，大数据时代就已经来临，大数据时代让受互联网影响的人和事物再次面临着改变，政治、经济、文化乃至于教育都接受着全新的变化。高校作为思想最活跃、知识最密集、网络信息技术运用最充分的前沿阵地，因而对学生的服务理念和服务模式都应该采取新的方法，让学生管理工作多元化、科学化、现代化，进一步深化学生管理工作，是形成高水平学生管理工作的必经之路。

一、大数据的概念和当前发展现状

关于大数据的定义，麦肯锡全球研究所给出的定义是：一种规模大到在获取、存储、管理、分析方面大大超出了传统数据库软件工具能力范围的数据集合，具有海量的数据规模、快速的数据流转、多样的数据类型和价值密度低四大特征。这四大特征，也被广泛看成 4V 说，即规模性（Volume）、多样性（Variety）、高速性（Velocity）和价值性（Value）。

大数据的应用关键不是其范围的"大"和"广"，更不是"数据"这一核心概念，大数据发展的关键主要是精准运用数据中的人力、物力、财力 3 个因素，并能创造出价值。中国大数据市场起步于2009—2011年，行业关注度直线上升。2012—2013年，由于技术相对不熟练，大数据技术落地存在困难，行业混乱。自2014年开始，随着商业模式的逐渐清晰和大数据技术的成熟，大数据的市场应用进入高速发展阶段。

二、大数据环境下高校学生管理工作的现状

（一）学生管理工作者思想准备不足

传统思维模式下，对于学生的管理主要依靠于规章制度和教师的说教。而管理的效果主要依靠教师的管理能力，学生管理工作者习惯于用传统的管理方法解决问题。在大数据的环境和背景下，分析学生的思想或者观察学生的行为，都要依靠数据，大数据的出现让学生管理工作者开始统计各方数据，而不能简单地依靠日常的考核。各方数据统计出来之后，应该转变思维方式，改变工作思路，重视大数据带来的新变化。

（二）学生管理工作者管理水平缺乏

互联网高速发展的一个重要信息就是信息数据的激增，其中比较常见的是上网使用浏览器会在网络地址上面留下记录，同时运用打字输入法时会在电脑中经常记录的词汇，很多手机软件使用者的电脑信息数据会上传到网络上面，让数据呈现爆炸式增长。在高校，随着信息化建设的完善，学生管理工作者获得的数据越来越繁杂，这就需要专门人才对数据进行分析、解读。在国外，诸多高校已经成立专门机构收集整理数据。反观国内，没有专门的数据管理机构，没有良好的管理体制和管理方法，从而造成数据的完整性差、准确率低，对高校学生的管理工作造成了诸多不便。

（三）大数据的技术作用尚未开发应用

尽管说现在有的高校已经加强了对互联网工作的认识，能够充分利用互联网的优势开展工作。但是，对于数据的收集、存储、处理和分析，没有得到学生管理工作者深层次的运用，甚至没有被他们所了解。更不用说通过数据分析，来了解学生的学习状态、生活状态以及对他们的问题处理和追踪。造成这方面的原因就是，大数据的技术没有得到完全开发和运用。更深层次的原因就是各高校人才的缺乏和对于技术的限制。

（四）对学生相关数据信息的采集和信息安全的管理问题

大数据时代顾名思义，高校对于学生的管理都应该和数据相关，都应该以数据为基础进行分析。而分析的基础就是对相关数据进行采集。学生的个人基本信息、家庭信息、成绩信息、平时表现信息等和学生相关的一切信息都应该进行收集、分析。但是由于大数据时代刚刚来临，没有统一的数据规范及数据管理方式，导致数据统计的标准不一致，这就造成了数据统计量的增加、数据统计后分析工作的繁杂。

大数据时代的另一个需要注意的方面是对于收集到的学生信息安全的管理问题。在传统信息时代对于学生的信息安全保护也是一个重要的问题，而在大数据时代，学生的信息安全就是更为重要的问题。

三、大数据时代高校学生管理工作的应对策略

（一）转变传统思维模式

大数据时代对于高校学生管理工作者首要的要求就是及时转变思想观念，培养大数据意识。将大数据思维融入实际工作之中，在实际工作中及时收集数据、统计数据、分析数据、存储数据，对数据背后的信息进行研究，分析数据背后的深层次原因，为学生管理工作提供数据上的支持。总之，通过运用大数据的思维模式解决大数据的问题，而不是沿用传统思维模式解决大数据的问题。管理者只有提高认识转变思维，才能推动大数据应用的发展。

（二）提高学生管理队伍的信息处理技能水平

大数据时代学生管理工作者每天要面对纷繁庞杂的数据，如何处理这些数据、选择出有价值的信息、分析出数据背后的深层次意义，这些都要求高校学生管理工作者必须拥有处理信息的能力、有处理复杂问题的水平，也就是说，大数据时代需要更多的数据技术型复合人才。从我国现阶段的管理队伍来看，要在短时间内要拥有一支可以处理大数据能力的队伍，必须要求学生管理工作者不断地进行各类不同的技术培训，掌握数据的理论研究方法，提高计算机使用能力和信息的处理、分析能力。能够通过对数据的分析及时了解学生的思想动态状况、了解学生所关心的热点问题。

（三）创建高校间大学生数据交流平台

现在各高校都会有自己的对学生的信息统计数据，但是各高校间的统计方式必然是有区别的。那么在大数据时代来临之际，如何将各高校的数据整合在一起，做

到信息共享，更好地为学生服务，一个有效的办法就是创建高校间的数据交流平台。在推进信息化建设过程中需要提高对数据信息的敏感性，主动收集、整理信息数据并认真分析。

（四）加强信息监管、制定相关制度

大数据意味着信息量的增加以及信息泄露概率的增加。一旦这些信息被泄露出去，会造成很大的数据风险。信息安全是一项技术类问题，同时也是管理问题，所以必须加强对信息的监管力度、建立完善的信息安全保护制度。同时，加强对重点领域数据库的日常监管。

总之，高校学生管理工作者应该把握住机遇，以积极的心态迎接大数据时代的到来。转变思想、扩展思维、积极学习相关知识，以良好的状态迎接学生管理工作的创新方法，为学生的成长成才、为高校的持续发展贡献自己的力量。大数据技术必将在高校学生管理工作方面得到广泛运用，高校学生管理工作必将迈上新的台阶。

第三节　高校学生管理工作大数据的特点

大数据时代的到来，既给高校学生管理工作带来了许多机遇，又带来了许多挑战，现代高校学生管理工作已离不开对大数据的应用。文章介绍了大数据的内涵与特点，分析了大数据时代给高校学生管理工作带来的机遇与挑战，并结合实际提出了大数据时代加强高校学生管理工作的有效策略，希望有助于我国高校学生管理工作的进步与发展。

在大数据技术不断发展的今天，社会步入了大数据时代。在大数据时代下，社会各个领域、各种行业、各项工作都深受其影响，高校学生管理工作也不例外。实践表明，大数据技术的应用，可以有效加强高校学生管理工作。

大数据是指规模巨大与类型复杂的数据的集合，其主要是依托计算机网络技术、信息技术、数字技术等高新科学技术来实现大数据的捕获、存储、分析、处理以及预测等功能。大数据的特征是体量大、多样性、价值高、速度快。

一、大数据时代给高校学生管理工作带来的机遇与挑战

（一）大数据时代给高校学生管理工作带来的机遇

首先，高校学生管理工作有效开展的前提是教师充分掌握学生的思想、情感及行为动态，并据此合理把握学生管理工作的方向与重点。在大数据时代，基于先进的大数据技术，可以使教师在调查收集学生相关信息时更加方便迅速，并保证信息收集的全面性与准确性。有了大数据技术后，能够降低学生信息收集难度及学生管理工作难度，实现更加精确化的学生管理。其次，当代大学生普遍个性突出、自我意识强，所以在高校学生管理工作中应注重个性化管理，要善于根据学生的个性化特点顺势而为，在充分尊重、理解、关心学生的前提下，引导学生从主观心理上意识到自己的缺点与不足，进而主动改善缺点和弥补不足。在大数据时代下，教师通过大数据的应用可以制订出更加符合学生个性化特点的学生管理方案，以实现个性化的学生管理。最后，教师还可以借助大数据系统来调查了解学生对学校各项工作活动的接受度，或直接给学生发放在线调查问卷来开展调查。

（二）大数据时代给高校学生管理工作带来的挑战

首先，在大数据时代下，大数据应用意识对于部分高校教师来说是一个不小的挑战。若想在高校学生管理工作中实现对大数据的有效应用，需要教师具备较强的大数据应用意识，否则对大数据的应用就只能流于形式。但就现状来看，受传统学生管理工作观念和工作模式的影响，很多高校教师尚未形成较强的大数据应用意识，特别是在学生管理工作中遇到问题时，并不能及时想到应用大数据工具来解决问题。其次，大数据时代所带来的数据筛选与处理挑战也不容忽视。大数据的数据规模庞大、增长迅速，所以尽管它能够为高校学生管理工作提供更多的数据信息资源，但并非全部数据都是有用数据，若想在实践中充分发挥出大数据的作用与价值，必须先对数据进行有效的筛选与处理。对此，高校应进一步构建完善的数据模型，不断提高数据筛选与处理效率。

二、大数据时代加强高校学生管理工作的有效策略

（一）强化在学生管理工作中的大数据应用意识

在大数据时代下，应用大数据来加强高校学生管理工作是一次大胆尝试，也是必然趋势。只有广大高校教师先具备了较强的大数据应用意识，才能够在实际学生

管理工作中有效发挥出大数据的作用。所以，高校教师应顺应时代潮流，强化在学生管理工作中的大数据应用意识，积极运用大数据工具及相关技术来提高学生管理工作效率、解决学生管理工作中遇到的问题。

（二）开辟线上学生管理工作渠道

随着大数据时代的来临，高校学生管理工作渠道已经不再仅仅局限于线下，各种线上管理工作渠道展现出了巨大的发展潜力，所以高校应积极开辟线上学生管理工作渠道，以便更好地满足大数据时代下的学生管理工作实际需求。例如，在高校学生思想政治管理工作中，可以通过QQ群、微信群、微博主页、微信公众号等各种线上渠道来开展相关工作，一方面可以将思想政治教育内容以音频、视频、动画等更加生动趣味的形式呈现给学生，以增强学生的兴趣、提高学生的接受度；另一方面可以摆脱时间与空间的制约，提高思想政治工作的灵活性。此外，由于线上信息更容易被转化为数据资源，所以通过开辟线上学生管理工作渠道，还能够方便对学生的思想、情感及行为动态进行动态化监控与管理。

（三）基于大数据模型模拟制订个性化学生管理方案

每个学生都是独一无二的，不同学生的性格、爱好、特长、经历、学习情况等均各不相同，思想、情感及行为动态也各不相同，所以在高校学生管理工作中，切忌对所有学生一概而论，而应善于根据学生的个性化特点采取针对性的管理措施，注重开发学生的个人潜能。在大数据时代下，教师可以基于大数据模型为学生模拟制订个性化管理方案，以提高学生管理的针对性与合理性。

（四）建立健全“三全育人”体系

在大数据时代下的高校学生管理工作中，离不开“三全育人”体系的落实，所以高校应尽快建立健全“三全育人”体系，使各部门之间形成一股合力，共同去加强学生管理工作建设，更好地实现学生管理工作目标。“三全育人”体系中的“三全”是指全员、全方位及全过程。具体来说，高校人事部门应充分利用好人事管理职能，加强对教职工综合素质和能力的培养；教务部门应做好统筹与支持，针对学生管理工作提出具体的实施办法及制定科学的管理考核制度；党政部门应发挥好带头作用，加强对学生管理工作的领导与指导。

（五）通过大数据技术加强网络舆情把控

在网络时代，高校学生从网络上所接收到的各种信息和观念既有积极的、正面的，也有消极的、负面的，其中消极的、负面的信息和观念主要来自一些网络舆论。

在现实生活中，部分学生由于社会经验不足和知识视野有限，所以存在着思想政治观念不坚定的问题，极易受到网络舆情的影响而在思想和行为上发生偏移，基于这种情况，给教师带来了许多网络舆情把控方面的挑战。而通过大数据技术，可以方便调查和分析网络舆情及学生的思想动态，从而加强网络舆情把控。

（六）利用大数据完善学生档案管理信息化建设

学生档案管理是高校学生管理工作中的一项重要内容，大数据时代，利用大数据完善学生档案管理信息化建设意义重大。档案管理信息化系统能够提供全面的档案管理信息。但需注意，在档案管理信息化建设过程中，应选择更加先进、优质的系统软件，并加强系统维护，定期对系统进行更新升级或更换。

（七）提高教师的大数据素养

人力资源是第一资源，若想充分发挥出大数据对高校学生管理工作的作用与价值，必须要广大高校教师具备较高的大数据素养。所以，高校应加强对教师的大数据素养培育，确保教师熟练掌握大数据系统软件的操作方法。同时，除了提高现有教师的大数据素养外，高校还应进一步加大人才引进力度，利用良好的条件来吸引更多具备较高大数据素养的教师人才加入高校当中，以充分满足高校学生管理工作的人才需求。

综上所述，在大数据时代下，高校学生管理工作正面临着许多机遇与挑战，而若想把握住机遇，充分发挥出大数据的作用与价值来加强高校学生管理工作，就应积极强化学生管理工作中的大数据应用意识、开发线上学生管理工作渠道、基于大数据模型模拟制订个性化学生管理方案、建立健全“三全育人”体系、通过大数据技术加强网络舆情把控、利用大数据完善学生档案管理信息化建设以及提高教师的大数据素养。

第四节　高校学生管理工作大数据的提取技术

大数据技术已经在很多领域中被广泛应用。对于高校这个人才培养基地来说，学生管理工作的展开应该和大数据技术充分结合。因为提高学生管理工作的质量，有助于为教育活动的开展创造良好环境条件，所以高校应该增强学生管理工作的创新意识，让大数据技术的优势充分发挥出来。本节主要就基于大数据的高校学生管理工作创新策略进行研究,希望可以产生参考作用。

计算机技术以及信息技术的飞速发展,让大数据技术的应用范围更加广泛。大数据很大程度上改变着大众的生活与工作方式,提高了日常生活的便捷性以及工作效率。高校作为培养专业人才的重要场所,除了要采取科学的教学手段来提高教学质量之外,同样要加强对学生管理工作的重视,这样才能为学生创造一个和谐有序的学习与生活环境。高校的不断扩招导致由学生产生的数据信息越来越多,实践表明,将大数据技术和高校学生管理工作相结合,能够显著提高学生管理工作的质量,所以高校应该积极探索大数据时代背景下学生管理工作的创新策略,不断优化在学生管理工作中遇到的难题,为人才培养工作的展开提供有利条件。

一、高校学生管理工作中应用大数据技术的重要性

新时代背景下,国家之间综合实力的竞争就是高级人才资源之间的竞争,为了确保培养出来的专业人才能够满足社会的发展需求,高校应该同时加强对教育质量和管理工作的重视。因为井然有序的校园环境有助于培养学生的责任、规则意识,并提高学生的思想道德水平。大数据技术在多个领域中进行应用之后能够产生显著的推动作用,有研究表明,大数据在高校学生管理工作中运用之后同样可以产生积极影响,其意义可以从两个方面进行分析。

(一)有助于提高学生管理工作的效率和准确率

在高校中,学生的数量通常数以万计,便会产生大量的数据信息,比如学生的家庭住址、考试分数、学分积累等。在传统的高校学生管理工作模式中,一般是通过信息工具录入学生信息,或者统计纸质档案等形式,来归类处理学生的个人信息。传统的学生信息管理方式不仅需要耗费大量的人力、物力,而且还难以保证统计信息的准确性,一旦某个环节出了差错,可能直接需要二次操作。运用大数据技术可以有效避免以上情况的发生,因为大数据技术处理信息时既快速准确,又可以进行跟踪统计,也就是大数据技术能够让学生信息实时更新,并且分析数据的方式也更加科学,可以直接呈现出理想的统计结果。另外,在高校学生管理工作中运用大数据技术不仅可以有效节约人力、物力,还可以大幅度降低行政工作成本,因为传统的学生管理工作中会需要大量纸质档案,而应用大数据技术只需要耗费网络资源就能节约纸质档案的资金投入以及行政人员的人力成本,所以高校应该提高对大数据技术应用的重视。

（二）有助于提高学生管理工作的信息利用价值

传统的高校学生管理工作模式主要是通过为每个学生建立纸质档案或者简单的信息数据方式来开展管理工作，因为学生的信息数据数目很庞大，而且信息种类也很多，所以需要行政人员依靠工作经验来完成学生管理任务。由于管理者的工作任务很重，因此对数据信息背后反映出来的问题没有进行深入了解，比如学生的思想状况、专业综合素养、行为习惯等，这些数据信息对于人才培养质量的提升有着很大的促进作用。大数据时代环境下，一方面可以通过大数据技术来高效处理繁杂数目的学生信息数据，将其进行系统的整合、分类，便于查找和运用信息，大大提高了学生管理工作效率。另一方面，可以通过大数据技术来将学生信息以直观可视化的方式展示出来，比如把数据信息制作成表格，这样能够简单明了地看出问题，进而可以对大学生的个体问题展开策略讨论，及时纠正学生的不良行为习惯，也能挖掘学生的学习潜能，有助于实现培养个性化人才的教育目标。

二、基于大数据的高校学生管理工作创新策略

大数据技术对提升高校学生管理工作效率产生了重要的推动作用。随着大数据技术的不断发展，高校应该继续加强对学生管理工作创新策略的研究，从而可以为在校大学生创造一个良好的学习环境。

（一）积极改进学生管理工作理念

工作理念能够对日常学生管理工作的开展产生导向作用，基于大数据环境下，学生管理工作者应该积极采取与时俱进的工作态度，主动探索适合大数据环境的学生管理工作创新发展道路。首先，从事学生管理工作的人员要对大数据有正确的认识，明确知道大数据在学生管理工作中应用的优势所在，然后在高校制定管理决策时提供科学规范的信息参考。其次，要深入了解大数据的存在价值，它并不是一种简单的数据信息收集技术，还可以对数据信息进行深度解析，从而能够为教育目标制定以及学生管理工作的开展提供有参考价值的信息内容。

（二）应加强对学生管理信息化建设的重视

大数据在高校学生管理工作中发挥的优势越来越突出，不过在学生管理工作中应用大数据技术并不是唯一的创新路径，而是要让高校管理者在大数据背景下树立良好的管理创新意识。调查结果显示，大数据在高校学生管理工作中的应用情况还处于研究阶段，并没有形成完善的运用体系。所以，高校管理者可以尝试逐渐推动

学生管理工作信息化建设的方式，借助信息技术的力量来提高学生管理工作效率，这既是创新管理工作思维的表现，也能够为大数据技术的高效运用创造良好环境。

（三）建立大数据技术应用人才队伍

基于大数据视角下，有越来越多的高校意识到将大数据和学生管理工作相结合的重要性，所以为了让大数据的优势能够在学生管理工作中充分发挥出来，高校应该建立一支专业的大数据技术应用人才队伍，这样有助于深入挖掘学生数据信息带来的参考价值。一方面，高校应该加强对现有管理人员进行大数据应用能力培训的重视，可以邀请大数据领域的专业人员到校开展主题培训，这样可以促进管理人员的大数据技术业务能力提升，同时还能节约专业人才的引进成本。另一方面，可以制定自主学习激励制度，来调动现有管理人员自主学习的积极性，因为大数据技术是不断发展变化的，除了要对管理人员进行培训之外，增强他们的自主学习意识也很重要，这样可以保证管理人员及时掌握先进的大数据技术，从而能够让学生管理工作效率不断提高。

综上，大数据可以有效提高高校的学生管理工作效率，但是高校还需加强对学生管理工作创新策略的研究，进而才能跟上大数据技术发展的步伐，可以通过实施培养学生管理工作理念、加强信息化建设、建立大数据技术应用人才队伍等方式，不断创新大数据与学生管理工作相结合的路径，促进学生管理工作的创新性发展。

第五节　大数据与高校学生管理工作深度融合

由于大数据时代的学生管理模式与传统的学生管理模式之间存在一定的差异，大数据时代的到来不仅给学生管理带来了良好的发展空间，同时也给学生管理带来了巨大挑战。面对海量的信息，传统的学生管理模式已经不能适应时代的发展和要求，也不能更好地解决问题。在大数据时代，高校学生管理平台缺乏丰富的经验，无法对问题做出科学合理的判断。另外，很多信息的真实性无法准确判断，不能及时有效地挖掘和利用有用信息。所以，高校应把转变管理理念、培养专业团队、开展制度建设作为学生管理的中心和重点，有效帮助学生提高自身素质，促进学校健康发展。

随着移动互联网技术和人工智能等新一代技术的普及和发展，大数据作为一个全新的时代观念，甚至正逐渐地渗透到各行各业。大数据主要是通过人工智能化技术和互联网络等新一代技术搜集并整理了大量的信息资源，使得多变、海量的信息资源能够迅速、高质量地被分析和整理出来，通过专门设备和技术辅助日常工作的开展，为日常工作提供了信息支持和渠道参考，选择多样化、针对性强的方法。这种新型的大数据功能是其他传统的手工运算无法媲美的高效和优良的质量。它能够有效合理地分析和处理海量的信息，提取出一个社会经济发展过程中人们的工作和日常生活必须要求的数据和信息。在大数据时代，我们首先必须依靠一个计算机的智能化技术、互联网的技术和社会经济环境、通信技术等，在此基础上，我们就可以对大数据进行搜集和分析整理，通过这些技术和装置的支持，更好地向我们反映和了解到实际的企业工作情况和生活中的细节。大数据的信息相对较传统的数据采集方式更广泛、全面、更真实，效率也相对较高。它不需要手动逐个收集和排序。通过专业的计算机语言进行编辑后，需要通过计算机进行更多的智能采集，减少人工操作和干预，提高数据采集和整理的效率，减少人力资源的浪费。数据分析和排序更有针对性，可以根据实际需要进行个性化设计，从而在海量信息中提取出人们所需的关键信息内容，避免其他不必要内容的干扰。

一、浅谈大数据运用在高校学生管理工作的作用

大数据技术的融合将推动高校学生管理进入一个新阶段，对高校学生管理现代化具有深远的意义。

（一）有利于管理工作的有序进行

在国内教育行业，大数据技术最显著的优势是推出了一系列基于 MOOC 的在线课程，并得到了快速发展和广泛应用。这一系列课程的出现，对高校在学习管理中面临的诸多问题给予了一定的重视和帮助。就前期高校内部学生管理而言，由于学生人数众多，受教育时间偏好限制，学生群体在管理期间会遇到非常复杂的问题，这将对高校内部学生管理的有序进行造成一定的干扰。这项技术的出现可以更好地解决这些问题，促进学生群体逐步摆脱传统的简单化教育方式，更好地培养大学生的积极探索能力，对教育者的依赖程度也没有传统教育环境中的那么高。在这种情况下，管理者对学生的实际管理相对宽松。他们可以利用学生管理软件工具，根据学生的学号等基本信息，有效地管理学生的相关工作，既可以节省时间，又可以减少很多复杂的工作。以大数据技术为基础，管理者可以更好地提高工作效率和质量，积极投入更多的时间和精力进行管理。所以大数据技术有利于高校学生管理工作

的顺利进行。

（二）有利于实施管理工作信息化

在高校内部学生管理体系中，它是不断优化的，其基本内容是管理理论。然而，大数据理论的大量普及和应用为岗位优化提供了有利条件。大数据技术可以推动学生管理的全面实施，如信息收集、资源高效利用等相关管理信息。与以前的信息处理形式相比，大数据技术在数据采集和结果分析方面显示出非常强大的优势。该技术为优化和改进高校学生管理提供了极大的帮助，如更方便地收集信息和数据。大数据在获取信息、数据源、类型和时间方面具有速度快、范围广的优点，可以用于学生管理，更好地提高信息采集的数量和类型，从而获得更多的学生信息，为以后的数据处理打下良好的基础。其次，该技术采用存储方式，可以快速处理信息，提高工作效率和质量。由于高校内部学生管理工作的复杂性和繁重性，迫切需要引入大数据技术，帮助管理者改进现有的管理形式，让他们有更多的时间和精力关注有特殊需求的大学生和管理工作的创新。

二、当下高校学生管理工作面临的时代挑战

大数据时代已经到来。同时，它也给教育带来了机遇和挑战。在享受大数据时代带来的便利的同时，教育者也应该接受大数据时代赋予的任务。高等教育大众化促进了大学生规模的快速增长。目前大学生群体中，“95后”和“00后”已成为主体。这些“网络一代”大学生的显著特点是他们“有选择性”，特别注意事物的选择。此外，当代大学生的家庭背景和文化背景存在差异，这使得传统的学生管理在这一过程中非常困难。传统的学生工作管理方式，通过班长和团支部书记进行学生沟通和汇报，必然会代表“泛化”的主观风险，降低学生工作管理的有效性。所以在这种困难的环境下，我们可以利用大数据技术，通过管理模式的优化和管理模式的转变，实现对学生的高效管理。

（一）海量数据带来的信息挖掘困难

在当前大学生的交流和学习过程中，几乎都是在网络环境中成长起来的，而在这种环境下，交流内容会通过视频、文本等形式进行传播和学习，这比传统的学习方法更加复杂。当然，这些数据可以反映大学生在日常生活和学习过程中的行为态度和内心感受，以及大学生管理者如何从复杂的数据资源中挖掘有价值的信息来指导学生管理。例如，通过对大学生借书的相关数据进行整理，可以加深对学生阅读兴

趣、兴趣爱好和思想倾向的了解。此外,通过分析学生之间的交流内容,可以及时关注学生的心理状态,从而提高学生管理的效率。事实上,这些新的海量信息不仅可以挖掘学生的潜能,而且也为学生管理工作奠定了一定的基础和资源。

(二)网络信息安全威胁严峻,专业化师资欠缺

在当前信息社会环境下,基于互联网的各种内容和资源尤为丰富。由于对互联网缺乏了解和安全意识,许多学生经常遇到信息丢失或欺诈。所以,在这种非空虚的环境下,学校作为主体,应该更加重视以上两个方面,提高网络系统的管理水平,加强网络信息安全意识的培养。而且,由于很多教师没有及时应用和学习新技术,在操作相关系统的过程中往往无法发挥其功能,角色大大削弱,缺乏一定的大数据思维,这些问题严重影响了个性化教育的推广。例如,很多学生热衷于QQ、微博等平台的交流,但很多老师却不能使用,这对双方的交流产生了很大不便。因此,高校学生管理者应做好辅导员队伍的培训和指导工作,提高数据集成和数据挖掘能力,分析和解决各种问题,以提高学生管理的效率。

三、大数据背景下高校学生管理模式创新发展策略

高校在应用大数据技术时,应转变思维方式,规范采集规则,加强监管等措施,促进大数据与学生管理的融合。

(一)创新教学方法,促进高校学生的个性化发展

大数据时代的到来为教育方式的创新提供了技术支持和保障。具体来说,教育活动将涉及大量的数据信息,这些数据信息种类繁多,这对高校学生教育管理者提出了更高的要求,需要抓住时代发展的机遇,推动教育教学方法的创新。在思想政治教育过程中,通过大数据和信息手段的应用,寻求教育理念的转变,促进思维方式由因果向关联的转变。在教育管理阶段,大数据技术的应用有助于收集信息。以一所大学为例,为了收集学生的数据信息,该大学在学生座位上安装了传感器。该传感器可以采集学生上课时听、玩手机的次数和时间。收集完成后,将信息上传到与其相连的大数据系统,系统分析这些现象产生的原因,明确学生课堂学习状态与学习效果之间的内在关系。经过数据处理后,学生学习动态的数据呈现为教育管理的发展提供了理论支持,从而促进了学生综合素质的提高。

(二)合理优化高校学生管理意识

在大数据时代,高校可以通过科学应用网络设备,在学生管理过程中获取海量

的数据和信息，弥补管理经验的不足。高校学生管理者在管理学生时，必须树立正确的管理意识，创新学生管理模式，有效健全高校学生管理工作机制，确保学生在学习中的主体地位，及时掌握学生思想动态，根据学生思想特点进行科学管理。教师应了解学生的兴趣和关注点，使学生管理具有更高的影响力和更广泛的影响力。有效收集学生相关数据和信息，深入分析学生思想特点和思想动态，明确学生管理。

（三）大数据技术辅助学生安全健康管理

通过互联网信息化与实际工作的充分结合，改进传统管理模式，大数据背景下的学生管理才能适应新时代的需求。通过信息化建设更有效地促进学生身心发展，也是时代对高校管理提出的新要求，体现在更全面、更多维、更准确的特点。大数据模型不应该仅仅是记录数据的模型。为了利用大数据技术对大学生进行管理，有必要对收集到的数据中的学生行为信息进行分析。根据收集到的学生信息，对学生进行心理和生理健康评价。这样可以发现学生心理思维和学习状态的异常，有助于在学习管理中给学生客观的帮助。例如，如果学生由于某种原因患有或即将患有严重的精神疾病，他们可以根据大数据分析，预防或采取一些有针对性的措施来缓解学生的情绪，这有利于学生的健康发展。在大数据技术的科学应用中，分析数据可以帮助管理者更好地了解学生的心理状态，确保学生的健康和安全。

（四）引进专业人才加强信息化建设

高校学生管理领域的海量数据是大数据分析的前提。然而，要得出科学合理的结论，找到学生行为之间真正的内在联系，离不开科学的数据分析方法。所以，在外部，高校可以加强对相关数据分析人才的引进，提供优惠条件，加强对人才的吸引力；高校内部可以培养具有空间感和想象力的高素质创新人才，加强信息化建设，为科学研究提供完善的软硬件设施。

通过合理优化大学生管理意识，创新教学方法，确保高校在大数据时代更科学地运用信息技术进行学生管理，有效应对大数据时代给高校学生管理带来的挑战，确保了高校对学生管理更加科学，有效地提升了学生管理的效果，推动了我国高等教育现代化和经济建设对高校教育和学习活动的进一步发展。

第四章　高校学生的学习教育与管理

学习是大学生活的中心内容和主要任务，它既是未来事业的准备，也是未来事业的开端。21世纪的社会是一个学习型的社会，学会学习、终身学习将成为人们处身立世的需要。大学教育的主要目的是为学生的终身学习打下良好的基础，随着知识更新周期的缩短和人们岗位变化的加快，更好地适应社会发展和自身发展的需要，“会学”比“学会”更重要。大学学习与中小学学习的差异，大学生中长期以来形成的传统的学习方法，高校改革中重“教”不重“学”，强调教师的主体作用，忽视学生学习主体、能力培养的传统教育思想等，既不利于创新人才的培养，也不利于终身学习。从理论和实践上对大学生学会学习的研究和探讨，已成为当前高等教育中的重要课题。

第一节　大学生学习现状剖析

学习是学生的根本任务，无论中小学还是大学，学生都要以学习为主。大学学习是一种与专业需要直接挂钩的、层次更高的、需要进一步发挥积极主动精神的学习，它也是大学与中小学的教育模式结构发生根本变化的结果。从学习的客观条件看，中小学与大学教育有普通基础教育和高等专业教育之别，在教育任务、教育内容、教育方法上都有很大的不同；从学习的主观条件看，中小学处于未成年期，大学生则以飞快的步伐迈向人生的成年期并迅速走向成熟，日益呈现成人的某些特点。

一、大学与中学在学习方面的差异

（一）大学与中学在学习等方面的教育任务之区别

1. 中小学生的学习任务是完成普通基础教育

中小学是普通基础教育，其主要任务是向学生传授科学文化基础知识，为他们的升学或就业做准备，养成良好的学习习惯和行为。

2. 大学生的学习任务是完成专业培养

大学是以培养专门（业）人才为目标，使学生在中学学习普通文化科学知识的基础上，进一步学习和掌握专业知识和专门技能，把他们培养成各部门所需要的高级专门人才。这种专业的目的性，更具体地体现了社会的需求，反映了大学学习与社会重要的密切关系。

（二）大学与中学在学习授课方式与学习内容等方面的区别

1. 中学教育中的授课内容是以普及性、基础性教育为主的，多讲多练式的基础训练

中学的教学方式一般以教、练为主，每堂课教师讲解 25 到 30 分钟，其余时间以练习或提问的方式巩固所学的知识，反复提问反复练习，每堂课所授新课内容较少。中学的教育课程是一种普及性的基础性教育课程。

2. 大学教育中的授课内容是以专业性、发展性教育为主的，重点难点式的专业训练

大学教师每堂课 90 分钟全部是讲新知识，教学内容多，涉及面广。教师是只讲授有关内容的重点或难点，介绍有争议的问题和学科发展趋势，相当多的内容要求学生通过自学把握。大学里的学习内容都是围绕着专业的方向和需要来展开的。大学学习实际上就是一种专业性学习。因此大学生在介绍自己时常常说“我是 ×× 系 ×× 专业的”，专业性学习已成为学生学习角色的重要特征。

（三）大学与中学在课程设置、检测手段等方面的区别

1. 中学的课程设置往往表现出学生的被动接受性和成绩判断的统一测试特征

中学的课程设置是单一的，学生必须无条件地接受，学校开设的所有课程，不管每个学生愿意或不愿意，他们都必须接受并且通过各科理论考试，因为考试成绩的好坏是中学生学习效果的唯一检测途径。

2. 大学的课程设置往往表现出学生的主动选择性和成绩判断的多样评价特征

大学则不同，他们除了自己的必修课外，还有选修课，考查课，即便都是必修课，也不是单一地讲授理论，而是以实验课、学习课、设计课、专业训练、毕业论文、社会实践调查等多种形式完成。这也决定了学习成绩检测的灵活性，除理论考试外，还有实验动手能力的考察、实验学习报告、社会调查总结、科技科研成果、论文等多种形式的检测，不仅检查理论知识，更要检查动手能力和应用所学知识解决实际问题的能力。这种多元化的学习方式给学习带来了机遇和挑战。

（四）大学与中学在学习时间、学习环境等方面的区别

1. 中学生的学习时间与场所安排具有较多的刚性特征

中学的时间，教师安排得非常紧凑，学生从早到晚都有教师查看，布置所学内容，无论上什么课，只是走上讲台的老师在变化着，学生有固定教室，固定座位，没有老师的允许，学生是不能随意调换座位的。学生从早到晚几乎没有任何自由支配时间，甚至包括双休日，教师几乎是“全陪”。正是由于这种“全方位”的教学方式，造就和培养了一批又一批的随从性很强的学生。

2. 大学生的学习时间与场所安排具有较多的弹性特征

大学学习课程的明显增加，课堂教学的课时又相对减少，学生每天的课余时间比较富余。连上课都没有固定教室，没有固定座位，更别说早晚自习了。在没有教师监督的情况下，学生可自由支配课余时间，他们可任意选择教室、图书馆、宿舍作为学习的场所，甚至在机房上网。由于学习时间、学习环境发生根本性的改变，学生的学业好坏不再完全取决于课堂是否认真听讲，更多的是看学生对业余时间的支配和利用的程度。

（五）大学与中学在学习目的、学习态度等方面的区别

1. 中学的教育往往表现出较强的应试教育特点，考大学通常是坚定而唯一的目标

中学的教育可以说多数为应试教育，是一种紧跟高考指挥棒转的教育，学生的人生目标非常现实与单一，那就是学习学习再学习，考上大学是坚定而唯一的目标。由于具有明确的奋斗目标，自然学习态度也非常稳定，所以学习刻苦上进，每半分钟都必须争取。

2. 大学的教育往往表现出较强的适应教育特点，通常表现出考研、就业、出国等多样性的学习目标特征

与中学相去甚远的是，一部分学生进入大学后失去了自己的学习目标，奋斗目标变得模糊，常常处于动摇不定状态。因为他们的学习目的、学习态度已经发生了根本性的变化。

从以上分析可以看出，大学学习具有与中学学习不同的特点，表现为：一是专业性；二是独立性；三是创造性；四是实践性。

二、大学生学习过程透析

在传统教育思想和教学方式的束缚下，大学生的学习较多地沿袭中小学学习习

惯,严重影响了其自主性和创造性,主要表现为“五多五少”。

(一)学习方式上的特征——从师型过多,自主型过少

从师型学习过多,往往表现出对课堂学习的过分依赖学习进课堂听教师讲课,本是天经地义的事,但是很多学生对教师、对课堂依赖过强,完全跟着教师的指挥棒转,自我发挥不够,主动钻研不够,独立学习能力不强。我们的课堂教学,教师大多讲得很细,使学生当堂就能全听懂,课后用不着再下功夫。

自主型学习过少,表现出对知识摄取能力培养的局限教师就像喂婴儿一样,把食物嚼得很细,口对口地喂给学生,学生吃得很省劲,很舒服,但是日积月累,学生自己找食吃的能力,学生的消化能力都退化了,其独立学习的能力及创新能力就明显不足。

(二)思维方式上的特征——求同性过多,求异性过少

教师要求学生按自己的思路一步步走下去,学生认为能读懂教材的内容,听懂教师的讲解,自己的理解与书上写的、教师讲的相同,就是学会了,就完成了学习任务,习惯于“是这样”,而不习惯于提出“为什么是这样,为什么不能那样”。统一大纲、统一教材、统一考试、统一标准答案的整齐划一,学生的认知结构及思维方式大致雷同,缺乏个性,少有创新。

(三)学习状态上的特征——盲从型过多,问题型过少

教师们普遍反映,辅导答疑时间,来提问题的学生极少,只是到了考试前,才纷纷来打听考试要求的范围,或问一些应试所急需解决的问题。其实在学习过程中,对学习内容的理解处于似是而非状态的人会很多;就是对于那些所谓学习好的学生,深层次的问题也会很多。无论是哪种程度的学生,围绕着学过的内容去思考问题、提出问题、研究问题和解决问题,是学习向前推进的最重要的方法和步骤。然而从教学实践来看,学生不乐于提问题或提不出问题,这本身就是学习中的一个大问题。

(四)学习层次上的特征——继承性过多,创新性过少

大学生的学习,首先是继承前人积累的科学和文化遗产,为以后的学习和创新打好基础,所以继承性学习是必要的。然而,大学的学习与中学相比,要更加强调创新;今天的学习与过去的学习相比,也要更加强调创新。这种创新不一定是知识上的创新,不一定要创造一个新概念或新定理,而首先是创新性学习。在掌握知识的过程中,就可以体现出创新性。“知识”二字,可以一分为二:“知”表示对信息的接收、

获取和储存，而“识”则意味着识别、判断、分析，是对信息的消化和处理。“知”是接受别人的东西，“识”是自我加工和运作。同样的信息被不同的人接收，会有不同的作用和效果，原因就在于“识”的程度不同。“知”具有继承性，而“识”则带有创新性。如果说中学生的学习重在获知，则大学生的学习应重在求识。在现实中，很多大学生还没有很好地实现从中学到大学学习方式和学习层次的转变，求识的意识不强，创新性学习很不够。

（五）学习情感上的特征——应试型过多，兴趣型过少

学习是为了应对考试，而不是凭自己的兴趣去探索和钻研。一部分学生学习吃力或者不下功夫学习，他们目标是考试过关，“60 分万岁”；一部分学习基础较好的学生准备考研究生，主要精力是啃考研的几门课，要在几张考研试卷上决定自己的前途和命运；其余的学生，由于评奖学金、发展入党、评各种先进等都要与学习成绩挂钩，所以大多数人在为考（非学）个好成绩而奋斗。在这个过程中，能够带着兴趣学习的学生数量很少。然而，学习需要有兴趣，有了兴趣，才能真正激发起自身的内在动力，真正地钻研进去，乐此而不疲，真正成为自己学习的主人，这是学习的基本规律之一。

第二节　大学生学习教育的要义

一、大学生的学习动力教育

（一）学习是大学生活的主旋律

学习是大学生活的主旋律，大学阶段是成才道路上从“继承期”向“创造期”转变的过渡时期，是人才成长的关键阶段。分析和认识大学学习的主客观条件及其种种表现，其目的是解决每个学子无一例外都面临的困惑：怎样学习。

学习教育概括起来讲就是对学生进行学习素养的教育及其过程。它包括学习的动力教育、学习的策略教育和学习的方法教育。

（二）大学生的学习动力及其教育

1. 大学生的学习动力教育

大学生的学习动力教育，包括学习目的与动机的教育、学习兴趣的教育、学习意

志与学习挫折的教育等，其目的是让学生树立起正确的学习观，学习方向明确，学习动力强，具有热爱学习、乐于钻研科学文化知识的兴趣与爱好，具有不怕苦、不怕挫折、坚韧不拔的意志。

2. 大学生的学习目的教育

大学生的学习目的，是大学生对学习的社会意义和作用的自觉认识和追求，是其理想、志向在学习生活中的具体体现。正确的学习目的，是调动人们保持学习积极性、自觉适应社会和事业发展的需要而投入各种学习活动的必要前提。它赋予人们的全部学习活动以内在的动力，不仅对我们立身做人、完成大学阶段的学业，而且对我们实现终身教育、成就事业，都具有十分重要的意义。

3. 大学生的学习动机教育

大学生的学习动机，是学习的直接动力，贯穿于学习的全过程。它可分为间接性动力和直接性动力。它决定着大学生进行学习活动时所付出的努力程度，同时也保证学习活动的方向。北宋司马光说过："学不至于乐，不可谓之学"；苏霍姆林斯基说："感到知识是一种使人变得崇高起来的力量——这是一种比任何东西都更强有力的激发求知兴趣的刺激物。"所以，大学生应当培养求知热情以激发学习动力，那么他的整个学习生活就有了强有力的精神支柱，就会始终保持旺盛的生机和活力。

4. 大学生的学习兴趣教育

大学生的学习兴趣，是人们力求认识主客观世界、渴望获得科学文化知识和不断探索真理而带有情绪色彩的意向活动。它是直接推动人们主动学习的一种最现实、最活跃的内在动力。学习兴趣不是固定的、稳定的，而是由多种因素促成其产生、发展和变化的，通过自身的努力，兴趣又是可以培养的。

5. 大学生的学习意志教育

大学生的学习意志教育，是指学生根据学习的目标，在学习过程中自觉地实施、调节和控制自己的学习行为，不断排除干扰，克服困难，以完成预定的学习任务的心理过程。无论对谁来说，学习都是一个艰苦、细致、耐心的脑力活动过程，要求有坚强的意志、顽强的毅力和承受挫折、战胜挫折的心理素质。

二、大学生的学习策略教育

（一）大学生的学习策略及其教育

学习策略教育，包括如何制订学习计划，如何进行课前预习，如何上好每一节课，如何复习与归纳知识，如何把握各科的学习重点等，其目的是让学生掌握学习的一般过程和特点，把握学习的一般模式与原理。

（二）大学生的学习目标及其教育

大学生的学习目标，是大学生从事学习活动所追求的预期结果，是激发大学生积极性使之产生自觉行动的必要前提。目标对人的行为具有定向作用、激励作用和维持作用。学习计划是实现学习目标的具体行动准则和打算。

（三）大学生的学习活动教育

大学生的学习活动，是在教师指导下，主要以教材为依据的课堂教学展开的，因此应帮助学生掌握与课堂学习有关的基本学习要求，即预习、听课、课后复习、作业、课外阅读等基本环节。

1. 大学生的预习活动及其教育

预习，是大学生学习的起点，是铺架与教师取得共鸣和沟通的桥梁。倘若缺少这第一环节，听课时便会处于盲目、被动状态。预习主要达到三个目的。一是思想上的准备。通过预习明确学什么、为什么学；通过阅读教材总目录、绪论和后记，了解全书的写作过程、内容框架、总体构想和写作追求，理解全书各部分之间的相互关系，从而端正学习态度。二是知识上的准备。通过预习，对教材有一个初步了解，掌握教材重点和难点，为提高听课质量打下基础。三是物质上的准备。通过预习，可知在上课时带什么教材和学习工具等。总之，预习可养成良好的学习习惯，培养学生的自觉能力和独立思考能力。

2. 大学生的听课活动及其教育

听课是学生接受教师指导、掌握知识、发展智力的重要环节，是保证高效学习的关键所在。俗话说，会看戏的看门道，不会看戏的看热闹。听课一定要学会听"门道"，主要听老师导法、导路、导疑、导思。首先要集中注意力，带着问题听。在老师没作判断、结论之前，试作判断、试下结论。其次要处理好听与记的关系，使听讲与做笔记协调统一起来。再次要听好老师交代解疑的步骤与方法，做到边听、边思、边质疑。疑问越多，越能保持思维活跃、思想畅通。一个善于听课者，应该潜心思考挖掘教师授课背后的东西,这是潜隐的,需要用心去捕捉、去发现,即是俗话说的“弦外之音”。

3. 大学生的课后复习及其教育

复习是学习中及时消化、巩固所学知识的一个重要环节,也是学会学习的重要环节。

第一,及时复习防止遗忘。当天学的知识及时习、当天清,一周学习的内容,全面习、周末清。学完一节,一节清,学完一章做小结。

第二,复习、思考、理解、记忆。学过一章、一篇或读完整本书,要用自己的思路,把它理出个纲,在头脑中建立一个完整的知识体系,使其丝丝入扣,环环连接,浓缩为一个整体,纲举目张。

第三,方法多样,因人而异。可闭目思考,回顾上课内容;可打开教材全面通读,边看边思;可看参考书,充实课堂所学内容,可整理补充笔记,使知识深化、简化、条理化;也可文理交叉复习,整体与部分复习,间隔法复习等。在复习中,要记下自己仍有疑问的问题,主动请教老师。

4. 大学生的课后作业及其教育

作业是学生将所学知识用于实践的一种形式,是预习、听课、课后复习的延续。通过作业可加深对知识的理解和巩固,使其转化为技能技巧。作业坚持“四要四不要”的原则。即要坚持先复习后作业,不要拿出作业就去做;要坚持独立思考,独立作业,不要遇难而退、轻易问人;要坚持理解消化,立足于懂,不要图快草率;要坚持适当数量有代表性,不要贪多或过简。总之,通过作业学会严谨踏实的学风和一丝不苟的学习态度。

5. 大学生的课外阅读及其教育

课外阅读是学生课内学习的补充和延伸。它有利于扩大知识面、开阔眼界。第一,要指导学生学会分先后、分层次制定读书计划,合理安排时间;第二,指导学生学会选择阅读书籍;第三,掌握科学的阅读方法;第四,指导学生学会运用各种工具书、百科全书、索引、手册、情报资料等;第五,指导学生学会做读书笔记,提高阅读效果。

三、大学生的学习方法教育

（一）大学生学习方法教育的基本内容

1. 学习方法教育

学习方法教育包括记忆的各种方法和思维的各种方法，其目的是让学生针对不同的记忆材料，自动化地采用不同记忆方法来记；针对不同的学习材料，灵活运用不同的思维方法去解决，从而达到“知识”和“方法”同获同得，“知识”和“能力”同步发展。

“没有正确的方法，即使有眼睛的博学者也会像瞎子一样盲目探索”。古往今来，许多科学强人把科学方法比作船和桥，比作路和工具，科学的学习方法是获得科学知识的重要途径。古人曰：“授人以鱼不如授人以渔”；美国学者阿尔文·托夫勒说：“未来的文盲不再是不识字的人，而是没有学会学习的人。”

2. 学科学习方法教育

对于教师而言，应达到“教是为了不需要教”（叶圣陶语）的要求，在完成每一学科课堂教学中都应努力实现“学科学习方法教育”，具体应包括以下内容。

第一，明示课堂教学目标，不仅明示知识目标，同时还要对应地明示学习方法目标。比如，本章节知识目标需要记忆，用什么方法去记，同时明示给学生；又如本章节知识目标需要理解和运用，那么用什么思维方法来理解，又用什么思维方法来运用都应恰到好处地传达给学生。

第二，达到教学目标要求两个做到：一是教师做到“以法授知”同时又“以知传法”，达到“知法同传同授”；二是学生做到“以知得法”，同时又“以法获知”，达到“知法同获同得”。

第三，课堂评价要求教师既要评价知识目标，又要评价学习方法目标（能力目标）。在评价学生知识目标达成的同时，又看到学生能力目标的达成，由此了解学生对学习方法的运用和把握程度及其不足。

第四，“教改”“学改”同步进行。新的形势下，国内外的高等教育都在积极地进行教学改革，包括教学内容和教学方法等，毕竟学校的所有的教育教学活动，最终都要落实到学生身上。学习是学生自己的事情，没有学生对学习目标的追求、对学习过程的投入、对学习方法的改革和学习效果的提高，再好的教改也是徒劳的。

3. 学习教育的课堂教学和传统课堂教学的显著区别

学习教育的课堂教学和传统课堂教学有着显著的区别，这种区别就是把学习方法的教育（其实也包括学习动力教育和学习策略教育）贯穿于课堂教学始终，把传统教学中那种潜在的学习方法教育赤条条展现出来，和学科的知识教育并行不悖地进行。学习教育真正做到了教师的教不仅“授之以鱼”，而且“授之以渔”；学生的学，不仅仅是学会，而且要会学。

（二）大学生学习方法教育的基本途径

向学生传授科学的学习方法知识，主要有以下途径与方法。

1. 聘请专家举办学习方法讲座

举办学习方法讲座。邀请有经验的专家、学者为学生讲课，传授学习的过程、目标、本质、规律等。

2. 邀请杰出人物介绍学习经验

介绍杰出人物成功的学习经验，鼓励学习采用不同的方法和技巧。

3. 总结推广优秀学生学习经验

培养学生自我学习方法评价：主要是评价学习主体灵活运用各种学习方法和善于学习的情况。

第三节 大学生与终身教育

一、大学学习与终身教育

（一）终身教育：21 世纪的生存概念

1. “终身学习”与“终身教育”的概念

在欧洲终身学习促进会和联合国教科文组织的支持下，1994 年在罗马召开的首届全球终身学习大会上，欧洲终身学习促进会为会议准备的报告提出了一个重要的观点：“终身学习是 21 世纪的生存概念”，这是对“终身学习”也是对“终身教育”概念的最准确和最深刻的阐释。终身学习随着终身教育思想的产生而产生，因其突出学习个体的学习积极性和主动性，更强调学习者自身的主体性而成为适应国际教育发展的新潮流，得到了国际社会的热烈响应，并积极贯彻于现实的教育改革实践中。

2. 终身教育思想：古老的话题

广义的教育，是指传递社会生活经验和培养人的各种活动，本义包含人类生存和发展的概念。人类离开了教育，就不可能延续发展，而人类的延续发展是一个无止境的过程。正因如此，终身教育思想古已有之。我国古代教育家孔子主张“有教无类”（《论语·卫灵公》），说的是教育对象不分类别，自然也包括不同年龄的人。从《史记》中的《仲尼弟子列传》可以看出，他的学生有不少是成年人。他的“吾十有五而志于学，三十而立，四十不惑，五十而知天命，六十而耳顺，七十而从心所欲，不逾矩”（《论语·为政》），反映了他的“终身教育”思想。北齐的颜之推在其《颜氏家训·勉学篇》中说：“幼而学者，如日出之光；老而学者，如秉烛夜行，犹贤乎瞑目无见者也。”勉励人们“终身学习”。宋代的欧阳修主张人要不懈地学习和进行实践，因为“学之终身，有不能达者矣。于其所达，行之终身，有不能至者矣”（《答李翱书》）。古希腊著名的哲学家苏格拉底、柏拉图和亚里士多德都十分关注教育，他们认为人的一生接受的教育不是一次性的，而是连续不断的。例如亚里士多德主张“儿童和需要教育的各种年龄的人都应受到训练”，最好使全城邦的公民都“受到统一的教育”；古代波斯的伊斯兰教强调人应该通过教育来完善自身，其教父要求教徒“从生到死”不断地坚持自我教育、自我完善。以上是关于古典终身教育思想的种种表述，这些思想反映了古代思想家对教育的重视，是教育领域思想的重要组成部分。其特点是强调个人受教育的权利，实际上又主要是奴隶主阶级和封建统治阶级受教育的权利，强调人的“自我完善”，又大多都是教育论教育。因此，古典终身教育思想具有朴素性和自发性。

（二）终身教育：传统学校教育的革命

1. 社会的发展与对教育的要求

社会的发展、人类的进步，人们对教育的要求，对知识的渴望，对新事物的学习进入了前所未有的历史时期，然而教育的供给能力与社会要求之间的矛盾，教育机会均等与教育结果均等之间的矛盾，学校传统的课程结构与人的个性发展之间的矛盾等问题的解决，只有接受终身教育、实行终身学习才能实现。

2. 终身学习对教育和学习的作用

终身学习从根本上改变了传统学习的定义，改变了整个教育结构的模式，实现了从教育思想到教育发展的一场具有里程碑意义的“哥白尼革命”，也将使人类的学习和教育活动发生深刻的变化。“要让像财富一样埋藏在每个人灵魂深处的所有才能都发挥出来，例如记忆、推理、能力、想象、体力、审美观、与他人交流的能力、领导者的天然气质等。”教育和学习的作用就是发挥这些财富。终身教育首倡者，法国成人教育专家保罗·朗格朗明确指出：“数百年来，社会把人的一生机械地分为学习期和工作期，前半生的时间用来积累知识，后半生一劳永逸地使用知识，这是毫无科学根据的。”他提出“教育应当贯穿于人的一生，成为一生不可缺少的活动”。因此，他要求“建立一个新的一体化教育体系：应当使教育从纵向的方面贯穿于人的一生，从横向的方面联结个人和社会生活的各个侧面，使今后的教育在每一个人需要的时刻，随时都能以最好的方式提供必要的知识技能”。也如英国一位学者指出：教育将不再是我们大多数人理解的教育，“教育需要被再发明，教育将不随学校学习的结束而结束，也不限于18岁成绩出众的那些人，学习，贯穿人的一生，除非我们终止它”。实践证明，随着人类社会的发展进步，无论从新的理念，还是从新的视角，抑或从新的高度来看，传统的学校教育只是人们一生中接受教育和从事学习的一个部分，一个环节，甚至是一个起始阶段。它绝不是教育的全部，更不是教育的唯一。我们要深刻认识现行的学校教育制度、教育体系、教育思想、教育内容以及教育运行机制与当今社会发展的不适应，对现代社会和现代人的发展所造成的严重阻碍，真正认识到建立终身学习体系的重要性，明确教育改革和发展的方向、思路、途径和方法。因此，从某种意义上说，终身学习是对传统学校教育的一种革命。但需要特别指出的是，实行终身教育和终身学习并不意味着否定和排斥学校教育，恰恰相反，它对学校教育提出了更高的要求。接受学校教育仍然是人的一生中最重要的学习阶段之一，它对人一生的进步成长将奠定非常重要的基础。正如《学会生存》一书中强调的：“学校，即向年轻一代有条不紊地实行教育所设计的机关，在培养对社会发展有贡献并在生活中起着积极主动作用方面以及在训练人们适当的准备从事工作等方面，现在是，将来仍然是具有决定性的因素。”

二、大学生与终身学习、教育

（一）终身教育：大学生新的学习目标

1. 终身学习给人们确定了新的学习目标

国际21世纪教育委员会向联合国教科文组织提交的报告《教育——财富蕴藏其中》提出，为了迎接下一个世纪的挑战，必须给教育确定新的目标，必须改变人们对教育作用的看法，应该使每个人都能发现、发挥和加强自己的创造能力。

每一个历史时期，财富的表现是有其独特的形式的。知识财富的来源不仅仅是积累起来的知识，还包括我们创造的知识以及把新旧知识联系起来的能力。知识和教育在现代社会也有不同含义：知识不仅仅是“知道”和“牢记”，这是一种相关知识和经验之间活跃的连续过程，它包括知识量化信息和预见能力两个方面。

2. 掌握知识和教育，是大学生未来最大的财富

21 世纪的知识不仅是知道某个知识点和规律，而且是非常具体和丰富的：

知道如何做——完成任务的方法；

知道找谁——清楚从哪里获取资源；

知道干什么——能够组织和从事具体的各项工作；

知道为什么——能够了解事物为何发生和进展；

知道在何处——知道和预见事情的发生和进展；

知道在什么时候——选择时机和务实的态度；

——21 世纪的知识和教育就是最大的财富。

实践终身学习原则的“唯一之路”就是每个人都能“学会学习”；终身教育和学习社会必须建立在全体社会成员都能不断进行“四种学习”的基础之上，这就是学会求知、学会做事、学会共处、学会做人。

（二）当代大学生学习教育的应知、应会

1. 大学生应该学会求知

“知”不仅是指“知识”，而且指广义上的“认识”，这种认识的对象包括人类自身及其主观世界，也包括自然、社会的外部世界。“求知”则是一个只有起点而无终点、在实践和认识的无限往复中探索未知、追求真理的过程。这既可将其视为一种人生手段，也可将其视为一种人生目的。它应使每个人学会了解他周围的世界，能够有尊严地生活，其基础是乐于理解、认识和发现自己的专业能力并进行交往；养成善于理解、善于认识和发现的品格。学会求知就是“学会学习”本身，即学会掌握认识（即“知”）的工具，掌握终身不断学习的工具（包括演绎、归纳、分析、组织知识的工具），学会收集信息、处理信息、选择信息、管理信息，同时学会掌握知识应用于有意义的实践和手段。学会求知，不能在学校教育中一次完成。传统的“上学—工作—退休”的线性教育模式和人生阶段已不能适应现代社会的变化，而必须代之以“学习—工作—学习”、工学交替、循环往复的多维教育模式。

2. 大学生应该学会做事

传统意义上"学做",更多地与通过职业技术训练养成劳动技能联系在一起,用学校所学知识解决问题,完成任务联系在一起。现实意义上的"学做",包括:一是"学做"将从学会掌握某种职业的实际技能,转向注重培养适应劳动世界变化的综合能力,其中包括独立的劳动技能以外的合作精神、创新精神、风险精神、交流能力等;二是"学做"主要不是指获取智力技能,而是指培养社会行为技能(包括处理人际关系、解决人际矛盾、管理人的群体等能力),而这些技能的获得不是从课堂上和书本上学习,而更多的要从工作实践和人际交流中培养;三是"学做"在"求知"过程中养成的科学素质的基础上,培养适应未来职业(工作)变动的应变能力,在工作中的革新能力。总体上讲,就是学会以首创精神能动地参与社会实践和社会发展这个过程。

3. 大学生应该学会共处

现代生活丰富多彩,人与人之间、民族与民族之间、国家与国家之间互相依存程度越来越高,矛盾和冲突又不断增加和产生,时代命题要求人们学会共同生活,学会与他人共同工作。因此,学会处理复杂的社会关系,善于与他人友好相处,是成为当代教育的使命之一。学会共处,首先要了解自身,发现他人,尊重他人,懂得人类的多样性、复杂性,同时又具有相似性及互相依赖性;其次是要学会关心、学会分享、学会合作;再次是要学会平等对话、互相交流,用和平的、对话的、协商的、非暴力的方法处理矛盾,解决冲突。学会共处,主要也不是从书本上学习,它的有效途径之一就是积极参与活动目标一致的社会活动,学会在各种"磨合"之中找到新的认同,确立新的共识,并从中获得实际的体验。通过参与合作性的活动,包括体育、文艺、社会公益劳动等,养成乐于参与、与人合作的习惯和行为。

4. 大学生应该学会做人

它是建立在前三种学习基础上的一种基本进程,是教育和终身学习要达到的终极目标。教育应当促进每个人在包括身心、智力、敏感性、审美意识、个人责任感及精神价值等方面的全面发展;应该使每个人能够形成一种独立自主的富有批判精神的思想意识,以及培养自己的判断能力,并确定自己在人生的各种不同的情况下应该做的事情。21 世纪需要各种各样的人才和才能,而不只是需要杰出的人才。应该向学生(青少年)提供一切可能的美学、艺术、体育、科学、文化和社会方面的发现和实践机会。21 世纪,教育的基本作用在于保证人人享有为充分发挥自己的聪明才智,尽可能牢牢掌握自己所需要的思想、判断、感情和想象方面的自由。学会做人超越单纯的道德、伦理意义上的"做人",它包括了适合个人和社会需要的情感、精神、交际、亲和、合作、审美、体能、想象、创造、独立判断、批评精神等方面相对全面而充分地发展。这与我国教育方针强调的“在德、智、体三个方面都能得到生动、活泼、主动的发展”相吻合，正是我们追求的教育目标和终身学习的最终目标。

大学生学会求知、学会做事、学会共处、学会做人，是互相联系、互相渗透、不可分割的一个整体。前两者更多地在传统教育中注入并充实了新的内容，后两者则更着眼于21世纪以人为中心的可持续发展而提出的全新教育目标，所以这四种学习，既不限于某一人生阶段和特殊阶段，也不囿于家庭、学校或社会等某一场所，它们是共同建构未来终身学习社会发展的四大支柱。

第四节　新世纪与大学生的知识技能储备

一、知识、技能：新世纪大学生生存必备

（一）新世纪大学生合理的知识储备

新世纪大学生要适应未来知识经济时代的发展，就需要建立合理的知识智能结构，既要能够很好地适应社会需要，又要能够充分发展个性。概括地讲，应符合有利于更好地为改革开放和社会主义建设事业服务，有利于更好地适应现代科学文化的发展，有利于充分发挥个人的优势与特长，有利于促进自己更快地进行创造。

（二）新世纪大学生合理的知识储备的结构内容

新世纪大学生合理的知识储备的结构内容具体有四个层面。

1. 国情视野与知识

大学生应该具有了解中国国情的能力，包括对中国的历史、现状和发展趋势，其内容包括政治、经济、文化等方面知识的分析与了解，这是每一个中国公民的基本素养，是立足国情、立足现实、学以致用的基础。

2. 国际视野与素养

大学生应该具有对世界历史及局势的了解能力，包括对国际政治、环境、宗教、文化、经济等议题的了解，这是成为一个地球公民的基本素养，是放眼世界、开拓进取的出发点；对世界地理的了解，包括世界各国的地理环境和资源，国与国之间紧密而复杂的关系，是认识世界、共同发展的前提。

3. 专业视眼与能力

大学生应该具备本专业娴熟的应用基本知识与掌握基本技能的能力储备。

必备的技能有四个：一是“学术”的技能，包括写作、与人沟通、阅读、计算、逻辑等；二是“科学的技能”，即科学发现、发明的基本能力；三是运用科技搜索资料的能力，尤其是利用互联网的能力；四是研究、分析、运用自如的能力。

必备的能力有六个：一是分析、判断及解决问题的能力；二是自律、自我成长的能力；三是弹性地适应社会的能力；四是团队合作的能力；五是尊重他人；六是解决冲突的能力。

4. 外国语能力储备

大学生应该具备熟练使用外国语工具的能力，这也是参与国际合作、平等交流的基础知识平台。

二、培养优良学风的教育内容

（一）培养认真求实的学习态度

1. 养成认真求实的学习态度

科学最讲实事求是，容不得半点马虎和虚伪，培养认真求是的学习态度，就要养成实事求是的学习习惯和一丝不苟的负责精神。当前大多数大学生都能以认真求实的态度对待学习，但也有一些同学并没有真正形成这种学习态度。

2. 遏制学习中的不诚信恶习

有的同学在学习上搞欺骗、投机取巧、作业抄袭、考试作弊等行为就是不良学习态度的典型；有的同学学习不认真、不细致，对自己要求很不严格；有的同学一知半解就喜欢到处自我炫耀；有的同学写实验、实习报告是拿几个同学的作业东剪一段、西裁一块拼凑而成。这些问题如不认真解决，不仅学不到知识，而且还会使自己逐渐放松对自己的要求，在道德品质的修养上退步，这对一个人的不良影响是长期的。

3. 提倡严谨务实的学习精神

我们提倡求实，就是要求在学习上不轻信、不马虎，以事实为根据，以追求真理为己任，认真对待一切细小的事实，仔细听取实践的呼声。爱因斯坦曾说过：“凡在小事上对真理持轻率态度的人，在大事上也是不足信的。”自然科学史上有许多事例都生动地说明了坚持这种求是态度的重要性。

（二）培养勤奋刻苦的学习毅力

1. 勤奋学习与时间消费

勤奋学习与时间消费关系密切。我们要求勤奋，就是要大学生在学习中争分夺秒、发奋用功、锲而不舍、永不懈怠。一个人要想真正学到一些知识和本领，不下一番的功夫，不经过长时期的积累，是不可能达到目的的。唐代学者韩愈有句名言："业精于勤，荒于嬉；行成于思，毁于随。"

2. 勤奋学习与困难克服

勤奋学习者往往是不断克服困难者。我们要求刻苦，就是要大学生在学习中不怕困难、不畏艰险、勇敢拼搏、不断攀登。追求真理，常常是需要付出代价、付出辛劳、做出牺牲的。我国著名数学家华罗庚曾经说过："科学上没有平坦的大道，真理长河中有无数礁石险滩。只有不畏攀登的采药者，只有不怕巨浪的弄潮儿，才能登上高峰采得仙草，深入水底觅得骊珠。"

3. 勤奋学习与人格升华

勤奋学习者往往是具有非凡人格魅力者。任何事业的成功都是来之不易的，唯有勤奋和刻苦能把我们送达成功的目的地。勤奋是科学工作者的重要品质，培养勤奋刻苦的学习毅力，就要深刻认识事业的艰苦和成功之不易，就必须努力克服自发惰性。古人学习尚能"三更灯火五更鸡"，尚能"映雪读书""凿壁偷光"，尚能"头悬梁、锥刺股"，我们更应当以中华民族历史上的许多杰出人物为楷模，勤奋地、刻苦地学习、学习、再学习。对于我们，就是要痛下决心，克服自己的惰性，克服贪图安逸、懒散、贪玩的不良习气，使自己具有顽强的学习毅力。

（三）培养虚心踏实的学习风格

1. 大学生学习的成功需要虚心的态度

虚心的学习态度，指的是学习上的一种不满足感，一种虚怀若谷、不断求取新知的品格。俄国作家列夫·托尔斯泰则说，一个人就好像是一个分数，他的实际才能好比分子，而他对自己的估计好比分母，分母越大则分数的值就越小。这些富有启发性的语言和比喻告诉我们，越是有学识的人在学习上就越虚心。虚心，就要善于向人求教，不耻下问。孔子说："三人行，必有我师焉。择其善者而从之，择其不善者而改之。"韩愈说："无贵无贱，无长无少，道之所存，师之所存也。"这便是对虚心的最好解释。提倡虚心，并不意味着鼓励自卑。因为虚心和自信本来就是相互统一的，二者统一的基础应是"尊重真理"。一个虚心追求真理的人，一旦掌握了真理之后就应当充满自信，敢于始终坚持真理，敢于为真理而斗争。因此，我们在任何时候都不应当把虚心同发挥创新精神、开拓精神、竞争精神对立起来，那种以为在改革开放的时代已经不必再提倡虚心的想法，是一种浅薄的认识，是一种不应有的误解。虚心真正的对立面，是高傲和狭隘。对此，清代诗人、学者袁枚提出过精辟的见解："学者之病，最忌自高与自狭。自高者，如峭壁巍然，时雨过之。须臾沥散，不能分润；自狭者，如瓮盅受水，容担容斗，过其量则溢矣。善学者，其如海乎，旱九年而不枯，受八州水而不满。"培养虚心的品格，就应当有大海一样宽广的胸怀。

2. 大学生学习的成功需要踏实的精神

踏实的学习精神，指的是在学习上的一种不务虚名、不求私利、一心想向真理王国求索的品格。从学习的最终目的上看，我们是应当通过运用真理去改造世界，使社会和个人得到实际利益。但是在学习过程中，在向真理进军的征途上，我们却必须始终坚持脚踏实地，始终不让荣誉和利益干扰我们对真理的掌握。这就是所谓的"不耻禄之不伙，而耻知之不博"。

3. 大学生学习须克服自满情绪

伟人毛泽东曾经说过，学习的敌人是自己的满足心理。自满心理会堵住知识的入口和通道，麻痹自己的求知欲望，因此，学习的敌人是自己的满足，要认真学习一点东西，必须从不自满开始。培养虚心踏实的学习风格，就要深刻认识人生有涯与学无涯的辩证关系，就要自觉同自满自足的劣根性做斗争。我们应当谨记满招损、谦受益的古训，以一种永不满足的态度来对待学习。

（四）培养科学严谨的学习方法

所谓科学，就是学习方法要符合大学学习生活客观规律的要求，避免主观随意性。所谓严谨，就是要全面、妥善地处理好学习中的一些关系，防止顾此失彼，出现漏洞。良好的方法能使我们更好地发挥运用天赋的才能，而拙劣的方法可能阻碍才能的发挥和施展。培养科学严谨的学习方法，就要认真借鉴吸取古人和别人的、书本上和实践中的各种行之有效的学习经验，并结合自身特点，反复切磋琢磨，逐步体验探索，以总结出一套适合自己特点的行之有效的学习方法。我们应当明白得法者事半功倍、不得法者事倍功半的道理，使学习方法真正成为效率之父、求知之魂，博学的翅膀、成才的飞舟。

第五章 高校校园文化建设与学生教育管理

高校校园文化建设具有丰富的科技文化内涵与时代特色。分析研究高校校园文化的功能与作用，开展高校校园科技文化的实践与创新，完善高校校园科技文化活动的制度与措施，对于推动整个社会的科技文化事业以及社会主义精神文明建设，营造特色鲜明、健康向上的校园科技文化氛围，培养德才兼备的优秀人才，推进全面小康社会建设具有极其重要的意义。

第一节 高校校园文化的内涵与特征

一、高校校园文化的基本内涵

（一）校园文化的内涵分析

1. 校园文化是一种社会文化现象

校园文化作为一种社会现象，早已存在于我国的古代教育中，比如私塾、书院所倡导的“杀身成仁”“舍生取义”“学而优则仕”“君子不言利”等儒家道义，便可看作中国最早的处于萌芽状态的校园文化。以孔子、孟子创始的这种文化不断完善和发展，深深地影响着几千年来的中国校园文化。

2.“校园文化”概念的产生与“校园文化”现象的发展

研究表明，“校园文化”概念的正式提出，始于20世纪80年代的大学校园，从此掀起了一场校园文化研究和探讨的热潮，对校园文化概念的界定是见仁见智，主要有“启蒙说”“精英说”“氛围说”“活动说”等。

在校园文化内涵的认识上观点已趋向一致，比较普遍的观点认为，校园文化是社会文化的一个特殊部分，是社会一般文化作用于学生的“中介”身份，是一种社会亚文化。校园文化具有深刻的社会属性，受民族文化、地区文化等的影响，它不能脱离这些文化系统而独立存在。

3. 校园文化的内容

（1）校园文化的内容包括学校以办学方向、办学目标为主的校园政治文化；

（2）以校园群体的思想素质、道德修养、价值观念为主的校园道德文化；

（3）以校园基础设施、图书资料为主的校园物质文化；

（4）以学校体制、组织机构、规章制度为主的校园管理文化；

（5）以社团活动、科技活动、文体活动为主的校园群体文化等。

通过以上分析，我们认为校园文化是指在政治经济等社会因素和民族文化、地区文化等文化系统的影响下，校园中所有成员共同创造的物质财富和精神财富的总和以及这种创造形成财富的过程。

4. 高校校园文化的意义

高校校园文化是高校精神文明建设的重要内容，是学生工作的一个重要组成部分。党和政府一贯重视包括校园文化在内的文化建设与发展，强调加强校园文化、社区文化、村镇文化、企业文化建设，为经济建设和改革开放提供精神动力与智力支持，推动社会主义精神文明建设。高校建立起既有本校特色又有现代特征的健康向上的校园文化，对创造良好的育人环境、培养德才兼备的优秀人才，推进全面小康社会建设具有极其重要的意义。

（二）高校校园文化的源流

高校校园文化的形成与发展主要有以下三条源流。

1. 社会主流文化决定着高校校园文化的具体内容和表现形式。一个国家一定时期的民族文化、政治、经济、法律从根本上决定了高校校园文化的具体内容和表现形式。

2. 某些亚文化以标新立异的方式左右着高校校园文化的走向。

（1）社区文化。高校所在地区的风俗习惯、经济水平、环境条件等，使高校校园文化“入乡随俗”地带上了一定的地域色彩。

（2）青年文化。社会发展越来越快，一代与一代之间的差异越来越明显，自然而然地形成了代际文化。高校中青年占绝大多数，高校校园文化明显地富有青年文化的特色。

（3）外来文化。高校师生的文化层次较高，思想活跃，对外交往频繁，对外界事物反应敏锐，这决定了高校是吸收外来文化最快的地方，最易受外来文化的影响。随着传媒的迅速发展和社会交往的日益频繁，这些亚文化对高校校园文化的影响越来越广泛，渗透越来越深入。

3. 高校特有的优秀历史文化传统成为校园文化传承中最具特色的亮点。高校是一个高层次人才的聚集地，承担教学、科研、人才培养的任务，以下这些特点决定了高校校园文化独具特色：崇尚民主科学，注重学术理论，敢于创新超前，富有理想主义色彩。各校在长期的管理、科研、教学实践中形成的各具特色的文化传统，使高校校园文化在一定程度上区别于社会主流文化。

二、高校校园文化的基本特征

高校校园文化作为一种群体亚文化，除具有一般文化的共同属性外，还具有一些明显的个性特征。

（一）具有延续性和超前性

任何文化都是传统文化发展的历史积淀，高校校园文化是高校师生员工不断积累、沉淀、继承的结果，这就决定了它的历史延续性。但是与社会的其他文化形态相比，校园文化是一种更为开放、创新的系统。大学师生自我意识强，开拓意识强，不断对外部文化进行选择、吸取、创造，创新常常开社会风气之先河，引领社会文化时尚，向外辐射新兴的文化潮流，从而在社会上显示出其时代超前性。

（二）具有创新性和先进性

创新是校园文化的特质，大学校园文化具有创新思想、创新观念，提供创新精神与创新能力源泉的特质。

大学校园文化的创新精神主要有以下几个方面的内涵：一是对创新精神的认同，把有所发现、有所发明、有所创造、有所前进当作人生尤其是职业生涯的意义所在，当成实现自我价值的最高境界；二是对人的主体性、独立性及创造性人格的高度认同，具有卓越创新能力的人，才能成为新时代大学文化的代言人，才能成为新精英形象；三是对创新思维、创新能力、创新方法的积极探索精神；四是管理制度、学术文化、教学内容及学生活动中贯穿着创新精神。

由于创新的作用，高等学校始终处在社会文化发展的前沿，是社会先进文化的发源地，是培育先进文化创造者的摇篮。因而，大学校园文化对社会文化有巨大的引导、辐射作用，它的内涵丰富了社会先进文化的内涵，它的发展推动了社会文化的进步。

（三）具有开放性与多元性

大学是开放的，大学从来不是脱离社会的、孤芳自赏的象牙之塔，而是在向开放社会中不断地获得自身的丰富和发展。特别是现代大学，要创新知识，传承文明，培育人才，就必须敞开门户，吸收各国各民族的一切文明成果，吸收各种学术流派的新观点；同时，在人才培养中，由于不同国家、不同地区、不同民族学生的进入，也会把不同的思想，不同的文化带到学校中来；再者，大学频繁开展的学术交流活动，更使各种思想、观点、流派相互交融、碰撞，大学文化就是在这种交融碰撞中得到丰富和发展。大学要发展，其文化必须表现出足够的包容性、开放性、接纳性。由于当前经济成分和经济利益多元化，社会阶层和就业方式多元化，导致社会文化多元化，同时还由于各院校师生员工的价值取向、知识结构、志趣追求的差异，使得高校校园文化呈现出多元化趋势。

（四）具有民主性和自由性

民主自由是大学校园文化的精髓所在，是大学创新的源泉。大学是研究高深学问之场所，是新思想、新知识的创生之基地，这里没有身份地位的差别，只有不同观点和流派的平等交流、碰撞，真理的火花在交流中孕育，智慧之光在碰撞中产生。思想自由、学术自由历来是大学的基本精神所在，并沉淀成大学特有的文化价值观。校园文化应该是“兼容并包”的，应该成为各家各派思想的汇合点，文人相重，尊师爱生，坦诚相见。只有在宽松、和谐、平等竞争的氛围中，师生员工才能更加焕发出创造的活力，泉涌出创造的灵感。校园文化的民主性与自由性包括平等、宽容、自主、参与、责任等。

（五）具有科学性和思想性

高校具有科学和学术空气较浓的氛围，高校校园文化本身就极具富有知识和智慧，有较强的科学性。同时，校园文化的主体具有思想敏锐、境界较高的特点，有积极向上的精神追求，故又使校园文化具有较强的思想性。

第二节　高校校园文化的功能与作用

一、高校校园文化的主要功能

（一）高校校园文化功能的含义

所谓高校校园文化功能，即指该高校中校园文化在学校文化教育等生活中所产生的作用和效果，即效果性功能和文化影响性功能。从教育学角度分析，校园文化具有德育功能（如引导、激励、规范、娱乐等功能）、智育功能（学习、继承、汲取、选择、发展、承传等功能）、美育功能（美感获得、审美价值取舍、美感学习、美感发展等功能）、心理功能（心理调适、情感获得、荣誉感形成等）。

校园文化作为社会亚文化的高层次精神形态，在师生员工的成长成才中发挥着重要的作用，它通过一定物质环境和精神氛围，使生活在其中的个体自觉不自觉地、有意无意地在价值取向、思想观念、心理素质、行为方式等方面产生认同，从而实现对精神、心灵的塑造。

（二）高校校园文化功能

1. 高校校园文化的启迪功能

高校校园文化的启迪功能，即校园文化的唤醒功能，是指校园文化氛围对学生群体思想的启迪。新入校的大学生对校园环境、传统校风大多都会有强烈的感知。这种感知不仅使大学生产生好奇、仰慕，还会激发他们对新知识、新文化的求知欲望，促使他们自觉改造树立自己的价值观念，塑造自己的思想品德，调整自己的行为方式，认同、接受新的大学文化。

2. 高校校园文化的教育功能

高校校园文化的教育功能，即指丰富多彩的校园文化活动的教育作用，是学校课堂教育的延伸和补充。高等学校的教育并非只是以传授知识为主要目的、以书本知识为主要内容、以课堂讲授为主要方式的教育，也非仅仅是与庄严肃穆的知识殿堂、苦读寒窗的莘莘学子相联系的教育。它既是一种清幽的知识文化，宁静的书斋文化，又是一种颇具感召力和激发力的精神生活再造过程、潜移默化的教育过程。

高等学校特有的形式多样的校园文化活动，能够巩固、强化和发展课堂教育，扩大学生的知识面，开发各种潜在才能，提高学生独立分析和解决问题的能力；能够帮助学生获得生活知识和社会经验，培养学生适应社会环境的能力，促进大学生自我教育、自我提高，为其走向社会、服务社会奠定良好基础。

3. 高校校园文化的导向功能

高校校园文化的导向功能，即指该校园文化一旦形成，就会成为一种集体的心理定式和精神风貌，足以影响群体的价值取向。大学生进入高校以后，始终处于校园文化的氛围之中，各种各样的思想、理论和观点在此汇聚交流，使人耳目一新，迫不及待。特别是不少校园文化形式倾注了对生活目标和人生价值的探求，吸引着众多学生，使学生在潜移默化中形成与学校倡导相一致的价值观，产生对学校培养目标、行为规范的认同感。

4. 高校校园文化的凝聚功能

高校校园文化的凝聚功能，即指该校师生员工在该校园文化环境中，能够自觉或者自然地流露、表现出某种具有共同认识、共同价值取向的社会文化心理，这种社会文化心理极易强化和凝聚。

在校园文化氛围和环境的影响下，作为群体的每一名成员，会产生集体认同，形成了强烈的向心力、凝聚力。校园文化氛围和环境能营造民主和谐的人际环境，使群体成员都能最大限度地发挥出自身的潜能和创造力，表现出合乎群体准则的自律性、组织性。正是这种凝聚功能，完成了对师生员工从众心理到合乎学校规范的从众行为习惯的养成。

5. 高校校园文化的调适功能

高校校园文化的调适功能，即指通过心理调解和无益情绪的化解，达到身心康乐之目的。不言而喻，师生员工的心理在很大程度上取决于学校环境的影响。

来自校园环境的各种信息的影响和刺激，通过师生员工的认同、从众、暗示、模仿等心理机制，便成为他们个体的心理氛围。首先，师生员工不仅有求知的需要，还有交往的需要、爱的需要、美的需要以及自我发展、自我完善、自我实现的需要等。校园文化能在一定程度上满足这些需要，使之心情愉悦，保持心理健康；再者，现代社会的急剧变化，各种复杂的矛盾纠葛，学习工作生活的压力，都可能使师生焦虑、忧虑、悲愤，导致心理障碍的产生，而校园文化能为排除他们的心理障碍提供一个良好的途径和方式。

6. 高校校园文化的约束功能

高校校园文化的约束功能，即指校园文化中的制度文化规范并约束着师生员工的行为规范，调整和影响着师生员工的思想观念，使之按照预设的轨道前进。

校园文化所培育的文化氛围也无时不在牵引着师生员工的行为举止，使他们的行为有了参照和标准，这种气氛是对的，也是无形的。张中行先生在回忆北大时写道：北大“有无形又不成文的大法管辖着，这就是学术空气。说是空气，无声无臭，却很厉害”。校园文化作为一种无形的约束力量，也会构成一种行为规范来制约人们的行为，正如墨子所说的“染于苍则苍，染于黄则黄”，校园文化是理想信念、价值观念在师生员工的心灵深处形成一种心理定式，构造一种响应机制，这样的一处软约束可以减弱各种硬约束对师生员工心理的冲撞，削弱抵触情绪，从而达成统一和谐的默契。

7. 高校校园文化的激励功能

高校校园文化的激励功能，即指由校园文化所结晶出来的学校精神，是一种具有鲜明个性特征，积极向上、催人奋进的精神力量，能使置身其中的每一个人都受到感染和鼓舞。特别是对于师生来说，这种精神氛围的影响与教化，会成为他们不竭的动力，催他们自新，催他们向上，催他们奋进，引导他们把爱国之情、报国之志转化为实现中华民族的伟大复兴而刻苦学习、立志成才的自觉能动。

8. 高校校园文化的继承功能

高校校园文化的继承功能，即指在学校教育过程中所形成的至今仍在发生作用的诸如教育观念、道德观念、价值标准、行为方式等文化要素，表现了校园文化的继承性。

虽然校园文化应当随着时代的发展而不断更新，但它们都是在一定历史条件下产生，并为一批又一批的师生所继承和弘扬。校园文化的继承作用，使学校的优秀精神得以延续，对学校发展产生历久弥坚的影响。

9. 高校校园文化的辐射功能

高校校园文化的辐射功能，即指校园文化在与社会文化的交流中，既吸收社会文化的文化因素，又释放自己的文化因素，形成一个强劲的文化辐射场，有利于提高整个社会文化水平。

高等学校赋有教学和科研双重职能，其结果均会对社会文化产生深远而重大的影响。教学的结果是培养大量的人才，这些人才毕业后将分赴全国各地、各条战线，他们的政治素养、专业水平等影响到国家建设事业的兴衰和成败；科研的结果是创造出许多新兴成果，使科学技术造福于人类，提高人们认识自然和征服自然的能力。从历史上看，新的哲学思潮主要是从校园走向社会，并影响着整个社会文化，专家学者一旦研究出某种新的思想体系，便会首先在文化层次较高的师生员工间广泛传播开来，然后逐渐传播到整个社会，从而影响着社会成员的思想观念。

二、高校校园文化的主要作用

（一）升华和优化校园文化的结构

高校校园文化由物质文化和精神文化构成。

高校物质文化是高校发展过程中积累下来的外在物化形式的统称，它是校园文化建设的前提和条件，是精神文化赖以生存发展的基础和载体，故也称载体文化。校园物质文化的作用在于升华和优化校园文化的结构，使之更加合理并具有生命力。

校园物质文化的主要特点是空间物化，是一种以显性为主的文化，从形态上大体可分为三种：其一是基础设施文化，包括教学设施、办公设施、后勤装备、文体活动中心等；其二是环境布局文化，包括校园的总体规划、校园的绿化、楼堂馆所的美化等；其三是制度文化，包括学籍管理制度、道德行为规范、生活作息制度、招生分配制度、文化娱乐方式等。一所高校的自然环境、内部布局结构、学校所处的地域都能形成一所学校的物质文化。加州大学伯克利分校的 Sproull 大广场，哈佛大学的庭院，北京大学的未名湖，清华大学的清华园，西安交通大学的四大发明广场等都是学校的典型标志，标志物的存在使这些学校与其他学校得以区别开来，昭示着该校与众不同的独特个性，使师生产生一种特殊的优越感和自豪感。

（二）凝练和营造校园文化的氛围

高校精神文化是指大学师生长期创造形成的一种精神环境和文化氛围，是校园文化建设的灵魂和核心。

校园精神文化的作用基于其主要特点，即内在激励、凝练和营造特定的思想文化氛围。校园精神文化是一种以隐性为主的文化，其作用也具有潜移默化的意义。校园精神文化从形态上也可分为三种：其一是智能型文化，主要指以增长知识、开发智力为主要目的的文化，包括教学课程、学术讲座、各种竞赛等；其二是观念型文化，包括思想观念、价值观念、道德观念、审美观念等；其三是素质文化，指由历史的积淀而形成的独特的校园风气和校园精神，它包括办学理念、民主作风、治学风格等。

第三节　高校校园文化的实践与创新

一、高校校园文化建设的兴起

在中国高等教育的编年史上,“校园文化”概念于1986年首次提出,校园文化建设的热潮也随之兴起。校园文化作为社会文化的一部分,从诞生开始就发挥着一般文化的多种职能,即通过一定的特质环境和精神氛围,使生活在其中的每个成员都有意无意地在思想观念、心理因素、行为准则、价值取向等方面与现实文化发生认同,从而实现对人的精神、心灵、性格的多重塑造。

二、高校校园文化的发展

高校校园文化的发展在历史层面上是一个连续的发展过程。在内容层面上,是融校风、学风、教风于一体的,包括文化现象、意识等,在学习、学术、校园生活、校园科技文化、艺术文化、体育文化、网络文化等文化领域中的连续发展过程。

从这个意义上看,校园文化的提法虽然出现在20世纪80年代,但其存在并非从那时开始,可以说只要有学校校园的存在,就应该有校园文化的存在。中华人民共和国成立70多年,我国的政治、经济体制发生了巨大的转变,社会的主体文化也不断地变化,校园文化也随之更迭演进。

第四节　高校校园文化活动的管理

一、高校校园文化建设的原则

高校校园文化建设有其自身的规律性,必须遵循一些基本原则。

(一)校园文化建设的方向性原则

高校校园文化是整个社会文化的有机组成部分,这个阵地不去占领、不去建设,必然会被其他人占领和利用。

校园文化建设需要坚持科学的发展观,用先进的文化,用马列主义、毛泽东思想、邓小平理论去占领校园文化阵地，警惕和抵制落后腐朽文化的侵蚀和影响。弘扬主旋律，把握主方向，引导广大青年学生走向健康成长之路。历史证明，只有在积极向上、高雅健康的校园文化的熏陶下，青年学生才能得到健康的发展，才能成为合格的建设者和接班人。

（二）校园文化建设的开放性原则

大学文化是多维的、开放的。大学的开放性是由两方面决定的：一是大学所承担的使命，高等学校作为社会主义精神文明建设的重要阵地，对社会文化起着重要的引导作用；二是由大学自身的发展需要所决定的，大学本身就是社会的一部分，大学发展的动力来自社会。一方面，学科的发展、人才的培养等，都离不开社会的参与，否则，大学就成为无源之水，无本之木，就会失去生机与活力。另一方面，大学的建设与发展离不开国际交流与合作，离不开国际范围内的资源与信息共享。因此，高校校园文化建设要体现“开门办学”“开放办学”的理念。

（三）校园文化建设的主体性原则

校园文化建设要体现以人为本的思想，体现以师生为主的原则。校园文化的承受者和建设者，不仅是教师，更应是学生。我们要充分调动学生的积极性、主动性、创造性，积极发挥学生在学校管理、教学科研、文化活动中的主体性作用，通过学生自身的发展来促进学校发展，培育出优良的校园文化氛围，使之辐射和影响到社会文化，对社会的文明进步起到积极的推动作用。

（四）校园文化建设的系统性原则

高校校园文化是一个多元并存的复杂系统，必须进行整体设计规划，使高校校园文化建设有目的、有计划、有组织的进行。具体来讲，应该从物质文化到精神文化，从课堂文化到课余文化，从学生文化到教职员工文化，从通俗文化到高雅文化做全面的考虑，整体设计规划，以达到整体的功效。

（五）校园文化建设的个性化原则

校园文化是一所大学区别于其他高校的主要标志，也是一所大学竞争力的体现。每一所历史悠久的大学，都有其显著、鲜明的文化个性，这种文化个性是由历史的积淀、时代的发展精神以及对未来的独特感悟所凝聚而成的。在进行校园文化规划和建设时，一定要把握自身的个性特点，深刻理解学校的过去是什么，现在是什么，将来应该是什么，凸显和张扬学校自身的文化个性，强化和发展自身的文化个性。

（六）校园文化建设的和谐性原则

大学教育需要一种环境，需要一种氛围。这种环境与氛围是自然与人文的结合，科学与艺术的结合。在大学校园中，人文需纳自然之灵气，自然需负载人文之意蕴。大学校园的环境和谐性，其一是与外部环境的和谐；其二是内部环境的和谐。在内部环境创设中，要使自然与人文相融合，科学与艺术相呼应，既显示出自然的魅力、艺术的魅力，又显出文化的熏陶、科技的魅力。置身其中，使人感到身心愉悦，神情激荡，催人奋进。

二、高校校园文化建设的主要途径与方法

（一）高校校园文化中的物质文化建设

物质文化，即是指校园的一切物态存在，包括各种教学、科研、管理、生活等设施及空间环境。物质文化具有以下特点：第一，它不仅是校园文化物态的存在形式，也是校园精神文化的载体；它不仅是一种实体的存在，更是文化主体的审美意向和价值取向等观念系统的表达。对于一所大学校园，它的地理空间坐落，是依山傍水，还是展布平原，它的内部规划，各种建筑物、各种设施、各种人文景观的建设及空间布局，这些绝不是原始的自然杂陈，而是一种人文观念的表达，是自然美、科学美、艺术美、环境美的空间展现。我国古代的书院和近代的一些大学，其校园都选在名山秀水之地，依山而建，傍水而生，使自然与人浑然一体，这无疑体现了我国文化中的“天人合一”“环境育人”的理念。由于学校校园内各种物态存在及空间布局的直观性，决定了物态文化的外显性，对人的影响是直观的，可“触摸”的，能唤起和引导人们对其文化底蕴的探究，进而对人们的思想行为发生影响。第二，物质文化建设是校园文化建设的基础，它决定着校园文化的发展水平。因此，必须高度重视校园物质文化建设。

1. 高校校园标志性建筑的文化设计

校园标志性建筑是高校校园文化精神的外在集中反映，是园区建筑布局的灵魂和统领，其含义之重大，影响之深远，是其他校园建筑所无法比拟的。其地处校园中心部位或轴线之上，更显瞩目，文化辐射力更为集中和广泛，故对其文化内涵的开拓尤显重要，设计中应把握好以下三要点。

一是要体现意识形态与学术特征的结合。我国高校是社会主义精神文化建设的重要场所，是培养社会主义建设者和接班人的摇篮，故标志性建筑的文化内涵首

先要考虑意识形态取向，恢宏、开阔、向上、进取便成为首先要考虑的美学特征。同时，高校是以其崇高的学术地位来完成精神文化建设任务的，故在强调标志建筑的意识形态取向时，亦必须与其学术地位相结合。在表现其恢宏、开阔的特征之外，亦须考虑增添其崇高、肃穆的权威感，可适当附加建筑物（如人物雕塑、局部装饰、说明性景物）来凸显其学术领地的特征。

二是要体现科学精神和人文关怀的结合。高校的首要任务是探索真理，破解自然、社会、思维之谜，一代又一代的人呕心沥血，在追求科学、探索真理的道路上跋涉，付出了毕生的精力。何谓科学精神，简言之，就是一种实事求是的研究态度，宽容兼收的学术情怀，铁面无私的理性精神，尊重实践的科学作风。在标志性建筑美学特征上要体现出严谨性、条理性、逻辑性，烘托对真理的尊崇和追求。但科学精神并不排斥人文精神的扩展，标志性建筑同样要体现出对人的情感、需要的尊重，体现出对人生的关怀。国内外高校的标志性建筑中虽不泛用现代化材料和手段来体现科学对自然胜利之主题，但也不乏体现高科技时代人与自然的和谐之主题。

三是要体现集体精神和弘扬个性的统一。我们应清醒地认识到集体主义是社会主义阶段的道德要求和价值取向，所以在标志性建筑中要充分体现出集体主义精神。但随着社会的不断发展，完善的人格同样也是师生员工的追求，他们希望个人被尊重，个性得到发展。把握好这二者的结合是高校校园文化建设的重要课题。上海交大闵行校区“人”字形大斜坡门景堪称典范作品，它既寓意对个人的尊重，同时也寓意只有融千百万个人之力量才能实现全人类的梦想。同样闵行校区内超大规模的船型学生宿舍设计也体现出这一思想，它寓意千百万个个体汇成一艘巨船，在知识和人生的海洋里昂首前行。入夜时分，每个寝室的点点灯火汇成的“巨舰”在夜色中蔚然壮观，这样的建筑不失为高校校园一流的文化作品。

2. 高校学习区的文化场景设计

学习区主要指教室、实验室、图书馆及其附近区域。创造一个文明高雅的学习区域文化，是校园文化建设的重要内容。师生员工只要置身于其中，就能感受到这种特定文化对其思想、心理、行为的影响，产生由“观景入情”至“由情入理”，由“形象思维”到“理性思维”的升华过程。

学习区文化场景设计应体现恬静优雅和治学严谨的文化主题。具体说来，一是要创造优良的学习环境。不论是教室、阅览室、实验室，一定要在“整”“洁”“静”“雅”四个字上下功夫，给人以自然美和艺术美的享受，只有身心愉快，拥有高质高效地学习和教学才有可能；二是要创设治学严谨和知难而上的求学氛围。一般来说，这种氛围的营造主要通过选择合适的名人名言，以字画的形式布置在学习区域之中，给人以智慧和人格的启迪。倘若学生在学习马虎时，映入眼帘的是“业精于勤荒于嬉，行成于思毁于随”的字幅，在学习遇到挫折时，看到的是“一个人无论处在什么样的环境里，总可以通过自己的不懈努力达到比较完善的境界”的真理名言，这对他们肯定有不小的教益。值得注意的是，学习区文化氛围的创设应把握好针对性，不同院校、学科、专业在内容选择上应有所区别，切不可千篇一律。

3. 生活区的文化场景设计

生活区是广大师生员工休闲、生活的场所和区域。生活区同样是校园文化建设的重要阵地，有其独特而不可替代的功能，它能以潜移默化的道德渗透、修身养性的心理优化、无声浸润的审美养成来达到对师生特别是高校学生素质的全面提高。生活区的文化场景布置要注意以下几点。

一是要有利于师生员工的道德自律。生活区的文化场景布置应体现集体主义精神，培养师生员工的集体认同感，错落有致的园区建筑组合，遥相呼应的景致特点较能体现出上述要求。场景布置要体现整齐划一与气韵生动的结合，整洁有序与生命节律的统一，自然观与人工重组的一致，只有做到这些，才能使师生员工在耳濡目染中形成良好的道德观念，养成良好的道德行为。所以，要注意提高生活区的文化品位，注重文化场景的道德暗示，哪怕是一只小巧别致的废物箱，一群悠闲啄行的鸽子，都能给人以无形的道德约束力和感染力。

二是要有利于师生们的心理优化。我们所处的是一个充满竞争和压力的社会，也是一个变幻莫测、飞速发展的时代，人们的心理问题日益突出，高校师生也不例外。生活区的文化场景布置应有助于师生员工的心理优化，即通过审美、娱乐、竞技等方式来调节心理，促进人格的健全与完善。在此方面，应注意两点：其一，应注意营造恬静优美的环境，在宿舍区、就餐区、休息区内，使人能从中感受到温馨柔美的文化气息，缓解因学习、工作而带来的心理紧张和压力，调整心理状态；其二，应借助充满动感和活力的景点和物件设置，来引导个体成员达到宣泄情感，达到化解心理困境的目的。

三是要有利于提高广大师生的审美自觉。高校校园文化的高层次表现之一即为师生员工具有较高的审美情趣。由于在生活区中，师生员工处于比较平静、悠闲的状态中，这正是开展审美活动的极好时机，文化场景品位的高雅，布局的合理美观，不仅直接给人以愉悦，也间接给人以“润物细无声”的审美熏陶。由于这种影响是日复一日的重复刺激，具有极深刻的影响，故场景布置要精心设计，做到匠心独运，趣味高雅，一花一木，一景一物均要一丝不苟。许多名牌大学的生活区，均以“园”名之，并以中国古典园林的标准来营造，如北大之“燕园”，清华之“清华园”，交大之“留园”，均以较浑厚的文化底蕴和精美的场景布置发挥着较好的美育作用，成为校园文化的一个别致景观。

4. 娱乐区的文化场景设计

娱乐区是指开展文化、艺术、体育活动的区域和场所，它包括礼堂、活动中心、体育场馆等。娱乐区的文化场景既是文化，也是艺术，同时也是开展各种娱乐活动必不可少的重要依托。

这个区域的文化建设要注意三点。一是要体现思想性，各种文化、艺术、体育活动的开展，不能只是为娱乐而娱乐，应有一定的思想教育内容融入其中，这是高校校园文化建设的内在要求。比如复旦大学近年来为拓宽学生视野，开辟了系列文化讲座——“发展论坛”，学者云集，中外人士纷纷走上讲台，使学生受益匪浅；同济大学近年来在全校性的歌咏比赛中，校系两级领导都是百分之百地登台演唱，校长吴启迪亲自出场做钢琴伴奏或当评委，这种活动形式本身就是一种教育。二是要体现活泼性，娱乐区的建筑要设计活泼，外观新颖，风格别致，色彩丰富。三是要体现针对性。不同的高校有不同的学科背景和物质资源，而且师生员工的实际需要也不尽相同，娱乐区的建设要从实际出发，因地制宜，体现特色。

（二）高校校园文化中的精神文化建设

精神文化是高校校园文化中的观念形态，是高校校园文化的灵魂，集中体现了高校校园精神。精神文化的特点是：其一，精神文化以物质文化为基础，并通过一定的物质存在和制度存在来表达；其二，高校校园精神文化对物质文化具有明显的反作用，能促进学校物质文化的建设；其三，高校校园精神文化具有相对的稳定性，其稳定性的程度与学校历史的时延成正比。因为一所学校的高校校园文化不是一朝一夕形成的，它是在各个时期由学校的师生员工创造，并在漫长的历史演进中不断地积累、提炼、认同而沉淀下来的。学校历史越长，积累就越深厚，文化就越稳定，也越具有个性。

1. 共创现代高校校园精神，营造良好高校校园文化氛围

高校校园精神是全体师生员工的精神面貌，它具体体现在学风、教风、领导作风

等各个方面。良好的高校校园精神能催人向善向上、奋发进取、开拓创新,是一种无形的巨大的推动力量。因此创建良好的高校校园精神氛围是高校校园文化建设的核心。

第一,精心打造主体文化作品。高校校园主体文化作品主要有以下几个方面:一是高校校园标志性建筑;二是具有深刻内涵的雕塑;三是校训、校歌、校徽等。高校校园精神正是通过一系列主体文化作品的设计和创造来表达的。主体文化作品蕴含的内容丰富,影响深远,必须集思广益,精心打造。比如,华东师范大学以“求实创造,为人师表”为校训并反映在高校校园标志性建设中,给华师大人的教益是巨大的。美国哈佛大学 1636 年建校时所使用的校徽上面的拉丁文字“VEITES”(真理),拉丁文校训“以柏拉图为友,以亚里士多德为友,更要以真理为友”沿用至今,更是激励了无数哈佛人对真理的执着追求。

第二,唱响高校校园文化的主旋律。我国是一个社会主义国家,我国的主流文化是具有中国特色的社会主义文化。高校校园文化建设必须保证沿着具有中国特色的社会主义文化这一正确方向发展。为此,我们必须用社会主义的政治思想和道德品质、我国优秀的民族传统文化来武装师生员工的头脑。同时,要认真对待各种文化尤其是外来文化,对它们作细致的辨析筛选,取其精华去其糟粕,使高校校园文化建设丰富多彩,绚丽多姿。

第三,培养爱国爱校的家园情感。爱国爱校、团结一心是全校师生的精神支柱,培养爱国爱校的家园情感,增强全体师生员工的凝聚力是创建良好高校校园精神的关键。通过爱国主义教育,让广大师生了解中国在世界之林的位置,牢记优秀的文化传统,了解中国落后的原因,懂得振兴中华的正确道路,增强大家的民族自尊心和自豪感,激发大家富国强民、振兴中华的使命感和责任感。同时,把爱校教育与爱国教育相结合,从爱校做起,把爱国主义落到实处。通过爱校教育使广大师生员工了解本校的发展历史和现状,明确学校的发展目标,珍惜学校的荣誉,凝聚人心,鼓舞斗志,共创学校的美好未来。

第四,倡导树立远大的理想。远大的理想是师生员工学习工作的强大精神动力,树立远大的理想、强化成才意识是创建良好高校校园精神的重点。创建良好的高校校园精神,应使师生员工把个人理想与学校发展目标、国家前途和民族命运密切地联系起来,明确近期理想、中期理想、远期理想,把理想落到实处。还应该把树立理想与创造成才条件相结合,为广大师生的成长成才创造有利的条件。

第五，共建文明校风。文明的校风是高校校园良好精神的具体体现。要创建良好的高校校园精神，就应该建设文明的校风，即形成求真务实、民主高效的领导作风，言传身教、为人师表的教学作风，勤奋好学、不耻下问的学习风气，热爱科学、勇于创造的学术风气，尊师爱生、热情周到的服务态度。在建设文明校风的同时，必须注意优化高校校园文化个性。比如军校、警校培养严肃守纪、机智顽强的个性，地处广州、上海等开放城市的学校要积极利用城市开放条件注重对外交流，全国招生的院校注重学生的文化交融等，使高校校园精神富有灵性，体现个性。

2. 大力开展各种校园文化活动，充分发挥第二课堂的育人作用

高校校园文化活动是高校校园文化建设的重要内容，是高校校园文化结构中最生动最活跃最丰富的部分，同时也是大学生素质拓展的重要载体，是培养优秀人才的重要途径。为了弥补第一课堂的不足，必须适时抓住新生入学、学生党建、创优评优、重大纪念日、毕业典礼等关键点，开展丰富多彩的主题教育，与第一课堂形成优势互补，发挥第二课堂独特的育人功效。

（1）新生入学教育中的文化承传。新生入学教育是高校校园文化对新生的第一次大展示，是新生个性高校校园化的第一步，也是学生接受高校校园文化影响的第一关。通过校史、专业以及学校规章制度的介绍，参观美丽的高校校园及先进的实验室，优秀教师和高年级同学与新同学的交流座谈，举办迎新联欢活动等，使刚刚进入大学校园的新生接受特定的高校校园文化的熏陶，为塑造特定的高校校园文化人奠定基础。清华园的逸闻掌故非常多，尤其是围绕礼堂一带的老建筑，可谓一寸土地一寸历史，清华的这一资源常令许多新生受益匪浅。同样，堂堂的清华大学历任校长，在新生入学典礼上往往只有几分钟的简短讲话，给人以清华人讲效率的良好印象，这也是高校校园文化的熏陶。

（2）学生党建工作中的文化激励。学生党建工作是高校校园文化建设的又一节点。通过选苗、培养、考察、审批一系列环节，把一批讲政治、业务精明的优秀师生吸收到党内来。与此同时，通过各种形式的主题教育，发挥他们在高校校园中的模范带头作用。

（3）重大纪念日的文化引导。利用五四、七一、十一等重大节假日、纪念日开展主题鲜明、寓教于乐的文化活动，是进行高校校园文化建设的良好形式。如近几年，长安大学在校园文化活动方面推进“四三二一工程”，获得良好成效。“四三二一工程”指长安大学在校园文化建设方面推出的四个节日、三项活动、二项计划、一系列

课程。“四个节日”即大学生科技节、大学生艺术节、大学生文化节、大学生体育节，“三项活动”即高雅艺术进校园活动、名家讲座进校园活动、优秀电影进校园活动，“二项计划”即广场文化行动计划、大学生新世纪读书计划，“一系列课程”指开设书法绘画、名著赏析、音乐赏析、应用文写作、公共关系、体育舞蹈、艺术体操等一系列公共选修课程。近几年来，该校以拓展知识、提高能力、完善素质、陶冶情操为宗旨，以校级活动为示范，以院部活动为重点，以社团及班级活动为基础，以师生文艺团队建设为切入点，大力开展内容丰富、格调高雅的校园文化活动，营造出积极向上、生动活泼的校园文化氛围。

（4）创优评优活动中的文化导向。在高校校园中开展“评优创优”活动也是高校校园文化建设的重要节点。“榜样的力量是无穷的”，通过树立一个个生活在身边的典型，使广大师生学有榜样，赶有目标，营造积极向上的高校校园文化氛围。近年来，高校除了开展一些系统的评优创优活动外，还开展了高校校园“十大新闻人物”“十大学生标兵”“我最爱的十位老师”等评选活动，效果明显。

（5）学生社团发展中的文化培养。高校学生社团是大学生出于爱好、特长或者基于理想、信念，为实现共同的宗旨目标，由学生自主倡导创建的，以特定方式组织起来的群众性团体。学生社团是学生自我教育、自我管理、自我服务的有效形式，是高校校园文化活动的重要载体。学生社团开展的活动具有自主性、灵活性、广泛性的特点，有利于学生特长的发挥和个性的发展，符合素质教育的要求。随着高等教育改革的深入和市场经济体制的确立，高校学生社团进入了蓬勃发展的黄金时期，不少高校的常年注册社团达到几十个，社团会员占在校学生的近二分之一，社团活动十分踊跃，异彩纷呈。学生社团的发展壮大，使其在丰富高校校园生活、培养兴趣爱好、扩大求知领域、锻炼交往能力、丰富内心世界、传承高校校园精神等方面作用日益凸显，已经成为高校校园文化建设新的增长点。

（6）学生毕业教育中的文化发展。在大学生告别高校校园即将踏入社会之际，对毕业生实施教育，收益明显。不少高校在毕业生离校之际，举行“毕业生告别校园仪式”，领导、老师、同学及家长纷纷寄语毕业生，广大毕业生面对母校真诚宣誓：“维护母校荣誉，牢记师长嘱托”此情此景着实令许多师生为之动容，广大毕业生也会被这种庄严而浓重的育人气氛所感染，终生难忘。毕业生告别高校校园是高校校园文化建设的重要环节，抓住这一关节点进行生动活泼的主题教育，不仅有利于毕业生校园人格的社会化，而且也能给在校学生以鞭策和鼓舞。

3. 充分利用网络的传播优势，积极开辟高校校园文化建设新阵地

高校校园文化与社会文化是一个双向交流的关系，一定时期的高校校园文化总是借鉴历史和现实社会文化中的各种成果为滋养，社会文化影响着高校校园文化的存在方式和发展趋势。面对网络普及给高校校园带来的机遇与挑战，我国高校的校园文化建设必须做出积极的反应，要利用网络传播的特点，开展融思想性、知识性、娱乐性于一体的网络高校校园文化建设，充分发挥其“隐性课程”的作用。

（1）健全管理体制，消除网络带来的负面冲击和影响。网络具有全球性、开放性、虚拟性的特征，管理与监控的难度很大，目前出现了大量的网络违法、网络犯罪、道德失范现象。高校要通过各种形式，增强大学生上网的法治意识、责任意识、自律意识和安全意识，将管理和教育结合起来，自律与他律结合起来，培养健全的人格和高尚的情操，树立良好的网络道德，自觉构筑抵制不良风气的“防火墙”。首先，切实加强网络立法，强化他律约束。为了减少网络带来的负面冲击和影响，加强互联网立法工作已是刻不容缓。健全的法治体系，可以确保他律的作用，维护教育主体在信息空间的管辖力。其次，健全规章制度，规范网络运作，要建立起网络信息管理的常设机构，制定网络行为准则，规范大学生的网络行为，加强对局域网、高校校园网的管理，对反动、黄色、消极的内容要进行及时清理，要通过分析监控，及时发现大学生中存在的思想问题，进行有针对性的教育，做到防微杜渐，在高校校园形成一种是非明确的网络环境。再次，宣传网络道德，推动道德自律。大学生既可能是信息污染的接受者，同时也可能是信息污染的制造者、传播者。因此，要加强对大学生进行网络伦理、网络法治管理的教育，使其具备网络法治意识，树立正确的网络道德观念。我们要引导大学生自觉抵制网络垃圾的侵蚀，做到不抛“垃圾”、不搞侵权、不看“黄毒”、不做“黑客”，做遵纪守法的文明网民，自觉维护网络秩序。

（2）加强队伍建设，为网络高校校园文化建设提供人员保障。高校教育工作者的信息素质直接关系到网络高校校园文化建设的水平和效果。因此，高校教育工作者必须具备良好的信息意识、信息能力和良好的信息道德。他们只有具备了优秀的信息意识和能力，才能了解网络环境，从网上获取各种有益信息，并把其用于教育和管理工作中去；而只有具备了良好的信息道德，才能模范地遵守相关法律法规，坚决抵制各种反动、迷信、黄色信息垃圾的传播，真正成为网络时代合格的教育工作者。高校校园文化建设的网络化，必须要培养一支既具有较高的政治理论水平、熟悉思想政治工作规律，又能熟练掌握网络技术、了解网络文化特点的队伍。因此，应采取

切实措施，加强对相关人员网络知识和网络技能培训，提高他们运用网络技术的能力，提高他们利用教育信息资源的能力，充分发挥网络信息资源的功效。

(3)建立完善网站，推进思想政治工作进入网络。信息技术特别是信息网络技术的发展，为我们开展思想政治工作提供了现代化手段，拓展了思想政治工作的空间和渠道。高校校园文化随着信息网络技术的发展而延伸至网络虚拟世界、数字校园之中。因地制宜，因时制宜，重点规划其中的校园文化建设，可形成有吸引力、有影响力的和传承该高校校园文化的网络文化。制作一批集教育性、趣味性于一体的网络软件用于高校校园文化网站，充分发挥多媒体图文并茂、声像交融的特点，把思想政治教育由“单向”引向“多向”，使思想政治教育工作更加生动；高校教育工作者还可以将其他大众媒体，如报纸、广播、电视、图书、录音、录像的相关信息移植到网络上，实现与其他大众传媒的结合与互补，增强对大学生的感染力、吸引力，发挥教育引导作用；要在网上开展丰富生动的形势与政策宣传教育，深化“两课”教学改革和邓小平理论“三进”工作；要及时了解师生的思想动态和关注的热点问题，宣传学校改革发展的成就，推进校务公开和决策民主，活跃学生课外生活和高校校园文化活动，弘扬主旋律。

(4)提升大学生网络文化素质，开展丰富多彩的网络科技文化活动。联合国教科文组织指出：“未来的学校必须把教育的对象变成自己教育自己的主体。受教育的人必须成为教育他自己的人，别人教育必须成为这个人自己的教育。这种个人同他自己关系的根本转变，是今后几十年内科学技术革命教育所面临的最困难的一个问题。”未来社会是一个终身学习的社会，知识的老化、更新要求不断给自己“充电”，网络的出现为终身学习提供了良好的条件，这就是要求从学生时代起懂得利用网络，并把其作为知识的来源与学习的手段。

首先，要加大对大学生上网的引导与教育，提升学生获取、制造和传播信息的能力。据调查，约94%的大学生是通过“自学书籍和报刊”“自己在网上摸索”“向同学或朋友学”等途径掌握互联网的相关技能，大多数学生认为自己缺少网络知识，对网络的利用还很不够。然而从实际情况来看，大多数学生仅仅是在网上聊天、收发E-mail和玩网络游戏，对网络的利用还停留在低层次上。为此，应组织有关专家，开设一些上网引导课，让大学生懂得在互联网这个知识宝库中如何挖掘宝藏，如何与自己的专业学习相结合，着眼于提高学生分辨信息，获取信息，处理信息，综合利用信息的能力。其次，要充分利用高校资源优势，在学生中开展网络知识、页面设计、个人网站及软件设计等方面的竞赛活动，着眼于提高学生运用网络的综合能力，丰富大学生网上文化生活。

（5）大力开展网上心理咨询，疏导学生心理。大学生处在身心成长发育阶段，情感丰富，体验敏感，是心理的多事之秋，外加大学生多为独生子女，社会化程度低，自理能力差，承受挫折和打击的能力十分有限。这些都使得大学生成为心理疾病的易感人群和高发人群。大学生日常学习生活中的具体问题，如贫困问题、学业问题、恋爱问题、就业问题、人际交往问题，也会给大学生的心理带来挥之不去的压力。互联网普及以后，许多大学生为逃避现实压力，寻求精神慰藉，而迷恋网络，成为“网虫一族”。无节制地上网会导致一系列的心理障碍，如网络迷恋、网络孤独、网络幻想等，给大学生脆弱的心理雪上加霜。现实世界的心理压力与虚拟世界的心理冲击内外夹击，导致大学生心理障碍、心理疾病问题相当突出。因此，应积极在高校校园网上制作心理宣传网页，开展网上心理服务。利用网络的交互性，开设网上心理咨询热线，进行对话和辅导，回答大学生在理想、前途、学习、生活等方面的疑难问题，减轻他们的心理压力。利用各种网络软件资源，开展心理测评与训练，辅导学生鉴别常见的心理障碍，并进行自我调节，消除困惑、焦虑等一般性心理困扰，与面对面的心理咨询相比，网络心理服务功能强大、安全、便捷，不受时间、地点、环境等限制，同时体现了对学生的尊重，有利于消除学生的顾虑，因此容易取得明显的效果。

（6）建立完善高校制度文化的建设。制度文化是调控学校内部关系的规范体系，包括为保证教学、科研、管理和服务的运行所建立的各种规章制度。制度文化的特点是：首先，制度文化是精神价值的表达，一所学校的规章制度就是这所学校的办学理念、价值追求的具体体现；其次，制度文化影响制约物质文化和精神文化的发展，特别是影响和制约精神文明的性质和发展方向。在制度文化建设上，主要做好三方面的工作。

一是要建立健全各种制度，形成完备的制度体系。没有规矩，不成方圆。完备的制度给置身于集体中的每一个人都提供了一套完备的行为准则，人们通过对制度的理解、实践而内化为一种行为习惯，最后升华为一种精神，因此完备的制度有利于建设良好的精神文化。

二是要结合学校的特点，形成制度体系的个性化。目前各学校的制度体系包括两部分，一部分是上级统一制定的制度，一部分是学校补充制定的。对上级统一规定的制度，除了政策权威性很强的都要根据本学校特点进行科学的“内化”，即根据上级的有关规定研究制定有学校特色的实施细则。只有这样才能形成具有个性的校风，从而有利于培养富有个性的人才。

三是要按制度办事，实行依法治校。依法治校是现代大学建设和管理的必然要求和普遍趋势，也是制度文化建设的题中之义。要实行依法治校，必须做到两点：首先，执行规章制度的严肃性。无论是教师、学生、服务人员，还是学校的领导，都应无一例外地执行学校的各项规章制度，而且其职位层次越高，越要体现其自身的模范性。其次，执行规章制度的时效性。规章制度的执行有很大的时效性，对一件事情的处理要掌握适当的时机，否则就难以收到应有的功效。比如一位学生在违纪后，学校迟迟不予处罚；某职工表现突出，理应给予加薪或晋级的奖励，但久等不遇等，尽管这些事最终会得到解决，但其给人的约束和激励作用会大打折扣。

第六章　大数据时代高校教育管理概述

第一节　大数据对高校教育管理的影响

我国《“十三五”国家信息化规划》以及相关文件中明确提出了要将大数据技术与现代高校教育进行充分融合，推动高校教育管理发展。而大数据技术与高校教育管理工作的密切融合能够对其各项工作内容进行全面优化和发展，充分发挥大数据技术的优势和作用，实现信息化教学，全面采集与分析学生信息，了解教育教学需要，推动高校教育管理工作向着智能化和规范化方向发展，大幅度提升现代高校教育管理工作的质量和水平。

一、大数据对高校教育管理的影响

（一）对教育管理思维的影响

大数据技术与教育教学的充分融合和发展能够帮助现代从事高校教育管理的工作人员对学生以及社会的发展情况有更加细致入微的了解，并及时根据高校教育管理工作中出现的问题进行灵活调整，不断提升现代高校教育管理工作的质量和水平，除此之外，高校教育管理工作人员能够借助大数据技术对授课情况进行收集与分析，及时了解教师授课的困境以及学生的需求，进而制定更为完善的教育管理体系，缓解教师与学生之间的矛盾，加强师生之间的沟通。通过对现有调查结果进行分析，我国大部分高校教育管理工作开展过程中所涉及的各项资源以自主购买为主，需要消耗大量的资金且极易出现资源不全面等问题。而借助大数据技术能够有效对网络中的各项资源进行整合和分析，保障高校教育资源的全面性和丰富性，进而保障高校教育管理制度的有效性和合理性。

（二）对教育管理决策的影响

信息技术的不断更新和变化为大数据技术在教育领域的融合奠定了坚实的基础。借助先进的信息技术和通信设备，无论是高校学生、家长还是相关工作人员均可以参与高校教育管理工作，并为工作的有效开展提出有效的意见和建议。现代高校教育教学中，从课堂教学到图书馆管理，皆与信息技术存在十分紧密的联系。现代化背景下诞生的大数据技术具有较强的信息收集与归纳能力，能够对所需信息进行归纳，确保信息的精确性与凝练性，极大地降低了高校教育管理工作因信息失真而出现决策失误等现象。另外，大数据技术具有较强的信息处理能力，在开展高校教育管理工作过程中不仅能够有效缓解工作人员的工作压力，减少工作量，还能保证相关工作人员有更加充足的时间和精力处理更为重要的事务，大幅度提升了高校教育管理工作的质量。除此之外，大数据技术的优势作用是能够促进高校教育管理工作向着智能化、规范化方向发展，促进高校教育管理工作优质化发展。

（三）对教育管理实践的影响

大数据技术与高校教育管理工作的有效融合能够帮助学校教育管理工作突破原有理念的桎梏，充分发挥大数据技术对与工作相关的数据信息进行收集与整理的特点，并对各项资源信息进行分享和交流，最大限度地保障高校教育管理工作决策的科学性、合理性，这对于加强高校教育管理工作创新具有十分重要的作用和意义。除此之外，大数据技术与高校教育管理的结合能够促使其向着智能化、个性化方向发展，在实践工作中不断总结经验，在潜移默化中形成具有自身特色的高校教育管理体系。

二、大数据背景下教育管理决策的改进策略

（一）丰富教育数据采集方法

信息是否具有全面性、准确性，很大程度上影响着高校教育管理决策的执行效果，因此在现代化背景下，高校教育管理工作的关键点之一便是加强对教育信息的收集与整理。将大数据技术与高校教育管理工作进行有效结合，能够帮助相关工作人员提升信息收集能力，保障信息的真实性和准确性。但是与此同时，相关工作人员也应当积极学习先进的教育理念并不断提升大数据技术应用能力，利用专业知识和技能在真正意义上发挥大数据技术的作用，不断提升高校教育管理工作的质量。现代高校教育管理工作充分发挥大数据技术的优势，能够开拓信息收集领域、拓宽

信息收集渠道，从文字、音频和图片等方面提取与之相关的教育数据信息，极大程度上保障了信息的全面性、真实性，切实提升了教育决策机制运行的效果。

（二）搭建教育数据平台

在现代高校内搭建教育数据平台，能够借助大数据技术对影响高校教育管理决策的各项因素进行密切的关注与管理，极大地提升了教育决策的可靠性和实践性，二者结合后一方面能够拓宽信息的收集领域，包括课堂教学、学生综合评价以及学生日常状态等，让相关信息平台能够延展出更多的教育信息；但是从另一方面来分析，上述教育信息的积累并不能直接显示出其原本的作用，也就是说相关工作人员在收集信息的过程中，若不能对上述信息的具体效用进行分析和归纳，便是徒增了信息量却无法真正发挥信息的作用。针对此类问题，应当搭建教育数据平台，及时对各项信息进行分类整合，并做好相应的分析工作，列举各项信息的规律以及存在的特性，发现各项信息中隐含的教育信息，以此为高校教育管理工作决策的制定提供更为真实和有效的信息，提高高校教育管理工作质量。

（三）加强对数据发掘和分析的能力

合理运用大数据技术对各项资源信息进行分析与解读，能够找到隐藏在信息背后的特点和规律，将这些规律与高校教育管理工作进行融合，能够大幅度提升高校教育管理工作的水平。此外，相关工作人员充分运用信息规律能够及时了解高校授课情况以及学生学习情况，进而找到解决问题的办法和策略。大数据技术的运用能够借助分析手段对与高校学生息息相关的信息进行充分的整理与归纳，但是此类工作需要运用大数据技术构建模型才能实现。

（四）构建合理化的教育管理和决策评价机制

合理应用大数据技术能够对高校现有的教学水平评估制度进行全面优化和调整，也就是说，将高校教育教学中涉及的各项信息进行充分的收集与归纳，通过严格分析与整理形成完善有效的评估结果。现代高校在开展教育教学以及教育管理工作时所涉及的信息种类繁多，信息量巨大，在很大程度上增加了高校教学质量评估工作的难度。所以，在新时代背景下如何最大限度地保障教学评估的有效性与科学性成为需要关注的问题之一，而大数据技术的出现和应用有效应对了此类问题，大数据技术与高校教育管理工作的结合能够对评估全过程进行严密监控与管理，保障评估结果的科学性与公正性，避免因外界因素影响评估结果的正确性。

综上所述，在时代的发展过程中信息技术的不断创新和优化形成了大数据技术，将大数据技术与现代背景下的高校教育管理工作进行全面结合，能够确保高校教育管理工作突破原有理念的桎梏，加强对各项教育资源的优化和整合，充分发挥资源的优势作用。因此，作为高校教育管理工作人员，应当详细分析在现代教育背景下大数据技术的出现对我国各地区高校教育管理工作的重要影响与促进作用，并通过运用丰富教育数据采集方法、搭建教育数据平台、加强对数据发掘和分析的能力以及构建合理化的教育管理和决策评价机制，提高大数据技术的应用效果，全面提高高校教育管理工作的速度和质量，为我国高校教育管理工作向着智能化和规范化方向发展不懈努力。

第二节　大数据下的高校教育管理发展

随着互联网的发展，大数据所涉及的范围广阔，其发挥的作用也是非常大，使高校教育的信息化发展进入一个新的阶段，为高校的管理工作提供了很多的数据来源。大数据应用到高校管理工作中，给高校管理带来了积极的影响，同时也有一些负面影响。各高校要充分正视大数据的优势，进一步提升管理工作效率。

一、大数据在高校教育管理工作中所造成的影响

（一）大数据在高校教育管理工作中所造成的积极影响

在目前高校的教育管理工作中，大数据的应用大幅度提高了管理工作的效率，高校可以利用大数据得知问题的根源所在，从而有针对性地进行管理。相比较原来的教育管理模式，大数据的应用使学校可以在第一时间掌握学生学习及生活动态。传统的教学管理对于高校发生的突发事件，不能及时有效地干预和处理，但是在大数据背景下，高校教育管理逐渐走向信息化，对各项数据的采集都有着质的变化，无论是在质量还是数量上，都具有更高的使用价值。高校的最终教学目标就是为社会培养更多的优秀人才，在大数据的应用下，高校的治理模式也发生了巨大的改变，采用透明公开的形式，使决策更加民主，更有利于学生接受。

（二）大数据对高校教育管理工作中所造成的消极影响

凡事都具有双面性，对于大数据技术也是如此，可以从以下两方面来讲。首先，该项技术在个人隐私问题上存在着很大的问题，在当今社会出现了很多大学生的信

息被盗取，以至于产生了很严重的事件，例如大学生被骗事件等，所以，在隐私和自由之间做好平衡关系，是目前高校所要面临的巨大考验。其次，数据安全也是很重要的问题，很多高校会出现数据被黑客侵入，导致数据信息被泄露，这样对学生的安全造成很大的影响。因此，各高校必须要加强对数据信息的保护力度，技术人员可以通过学习研发出更安全的数据技术。

二、大数据视野下高校教育管理发展的有效途径

（一）优化大数据教育管理发展的理念

在高校教育管理过程中运用大数据时，首先要建立大数据在高校教育管理的基本理念，要在实际的工作当中充分落实下去，才能充分发挥大数据的优势。在高校管理工作中，管理人员首先自身要有基本的大数据观念，并且有针对性地运用到各项部门中。高校管理工作者在工作过程中，要充分利用好大数据的各种信息资源，对高校的发展做出一个详细的规划，明确高校的发展方向。除此之外，在对高校学生的学习方面也可以充分利用大数据信息，教师可以及时了解学生的思想动态和学习情况等，分析学生在各科学习中出现的问题，以及教师在管理中存在的问题，根据所掌握的信息进行工作，会大大提高工作效率。

（二）完善学生管理大数据平台

在高校中，完善对学生管理大数据平台的建设，有利于大数据技术在管理工作中的应用。此技术的大数据平台的主要内容就是对数据的接入、数据的管理、数据的存储、数据的分析、数据的计算等，目前，在大数据的环境背景下，对高校的管理工作也产生了积极的影响，要不断完善大数据平台，对此不断进行创新。高校要结合自身的发展情况，建立数据交流平台、数据处理平台、数据核算平台等，最大限度提高大数据的应用效率。在信息化时代，高校可以建立信息化教学模式，利用丰富的信息化资源，比如慕课、微课等课程可以开发翻转课堂等教学，大大提高学生的学习兴趣。在高校，各科教师可以采用线上线下相结合的教学模式，提高教学质量。

（三）高校学生的教育管理更加制度化和规范化

数据采集在高校教育管理中占据着重要的地位，高校管理中学生的信息是隐私，不能泄露，但是部分平台管理上存在着一些漏洞，导致信息泄露，给学生的生活造成极大的困扰，严重的还会对生命造成危害。所以，高校必须要对教育管理的制度进行完善和优化，规范教育管理者的行为，要最大化地实现高校教育管理价值。

在管理工作中应用大数据技术，就必须建立完善的制度来规范使用，要按照统一的标准进行，把使用风险降到最低，从而有效实现资源整合以及资源共享。除此之外，高校管理者要对各类数据进行严格分类，要充分设置对数据的使用权限，把控数据的使用范围，提升高校管理层的核心素养，避免出现内部混乱导致信息外漏的情况。高校还应该加大对大数据的保护力度，在管理工作中运用先进的技术来防止数据的丢失以及黑客的入侵，管理层也要充分准备好预备方案，如出现黑客入侵该怎么办。要把数据安全问题放在首位。

（四）在高校教育管理工作中加大大数据的应用力度

目前的高校教育管理中，方式和管理内容都相对比较落后，但是随着大数据时代的到来，要加大大数据在高校教育管理中的应用，高校管理层要多学习一些先进的管理理念，必要的时候，可以借鉴国外先进的管理方法，同时可以加强与国际之间的合作，要深入进行交流，才能在思想上得到启发，我国高校可以学习国外的管理方式，比如，某高校在对问题进行探究和判断的时候，有效运用了大数据的应用，通过对各种数据的分析，高校各高管在相互讨论、不断研究过程中，在最短的时间内可以做出最合理正确的决定，通过对大数据的应用，节约了大部分实时调查的时间，提高了工作效率。各个高校进行合作教学，也可以大大提升教学质量。高校可以通过大数据建立一个统一的教育平台，对于学生从小学到大学的学习成绩都可以进行追踪，可以利用这些有效数据，对学生的学习方向进行分析。

（五）完善大数据技术管理队伍

要想实现对大数据技术的完美应用，就必须要具备优秀的大数据技术专业人员。高校必须要完善大数据技术的管理队伍，通过技术人员的共同努力，完成对大数据平台的建设。要高度重视大数据应用技术人员的重要性，对技术人员的要求也要相应提高，建立一个专业的大数据技术管理小组，其技术人员必须要懂技术，同时还要拥有创新的管理方式，这样才能把大数据技术充分运用到管理工作中。在快速发展的时代，高校必须要紧跟着时代发展的方向，对数据的存储、数据的开发、数据的深度挖掘等技术人员的水平进行提高。高校在培养人才时，首先就要改革培训的体系，现如今在大数据的背景下，教师是学生的主要领路人，因此要加强对教师的培训力度，尤其是要加强教师的数据信息采集能力以及分析能力，才能够带领学生更好地投入到学习当中。高校应该建立多元化大数据教学培训体系，要建立在符合我国当前国情发展的基础上，对教师的培训内容进行不断优化，创新出新型教学模式，培养出更多优秀的人才，为我国的教育行业发展做出巨大的贡献。除此之外，高校要将理论与实践结合在一起，对教师普及一些案例信息，拓宽教师的知识面，在培训的过程中，要充分利用先进的设备，学习网络技术，提高教师的教学质量。

综上所述，在高校教育管理工作中应用大数据技术，能够有效提升高校的教学质量，对教育行业的快速发展也有着重要的意义，现如今，在大数据视野下的高校教育管理，能够使管理工作更加科学化和系统化，进一步提高了高校教育管理水平。大数据技术的应用，对教师而言，也充满着挑战，对学生的教育也有了更高的要求，结合本节提出的有效途径，让高校的教育管理工作更上一层楼。

第三节　大数据下高校教育管理的走向

随着信息基础设施的搭建，人们的生活已经离不开大数据的构建。高校作为教育发展的重要部分，汇聚了众多知识技术，为社会培养输送各方面的专业人才，因此改变传统的管理模式，引进利用大数据成为高校教育管理的新风向。高校教育管理利用信息化数据，可以有效实现资源共享，联通数据的存储与运用，从而提升高校对数据信息的利用率，提高高校学生管理的工作效率，有利于更好开展学生的教学管理工作。

大数据技术，属于信息资产，具备很强的洞察力、决策力。根据国内外学者界定，大数据是一种数据规模很大、种类繁多、生产运行数据很快的数据系统，在高校教育中起了非常重要的作用，不仅能推动教育发展，还可能促使高校教育管理转型，相关管理行政人员可以通过大数据对不同学院、学科的学生情况进行分析，了解不同学院间的学生发展情况，针对可能存在的问题进行研讨分析，从而解决存在的问题。

一、大数据对高校教育管理重要性

高校每天都有大量的信息需要处理，如学校的图书馆管理系统，如何有效分析整理相关信息，利用信息更好地为学生、老师服务成为大数据有效运用的重要走向。事实上，有效引进大数据信息技术，对数据进行实时监控、分析，不仅有效减轻了管理人员的工作负担，还可以有效推进高校管理的信息化进程，提高学生的信息化管理水平。

信息的掌握程度，对高校教育管理决策的影响很大，大量的信息收集，可以在一定程度上减少因信息不完善，而做出片面的决策，也可以快速提取到所需信息，减少时间的浪费，提升工作效率。同时，大数据分析对管理进行了量化分析，使得高校教育管理更加科学，减少主观判断。

大数据发展，更是可以推进高校与社会人才需求之间的关系，高校通过大数据分析可以更好了解到社会对人才的宏观需要，针对社会发展情况进行专业改革，满足社会对人才的需求，培养人才的同时储存大量信息，加强管理，实现学生更好就业。

二、大数据在高校教育管理应用中遇到的问题

（一）缺乏应用大数据的相关意识

部分高校因为办学理念、专业限制，涉及大数据、计算机的课程不多，导致在技术教学中不够创新，仍然使用比较老旧的观念，使得高校的大数据教育管理工作开展比较困难，同时，部分高校的教职工信息以及学生的信息安全管理方面，存在着管理不科学、存储不规范等问题，容易造成人员信息泄露、重要信息丢失等情况出现。

（二）数据管理标准化不足

高校是人才聚集地，每个个体都带有相应的数据，如何对数据进行分门别类，同时还可以针对数据某一属性进行提取分析，使用原始的数据方法，不仅耗费大量的时间、人力物力，效果也不明显。借助大数据高效性可以充分结合实际情况对学生进行有效指导管理，如高校针对毕业生就业系统、科研系统、教务教学系统进行分析，结合校内外信息，更好完善校内学生的管理，使得信息更加统一完善。

然而学校的信息是不断更新的，如新生入学增加一批次信息、毕业生就业情况信息，新增的信息与原来的信息往往难以协调统一，信息的缺失、不完善更是常见情况，对数据分析也会造成一定影响，想要有效展开高校教学管理工作的信息化还是很难。同时，数据除了收集整合、分析，还需要关联统一，明确各部分数据长期作用，事实上单一收集信息、建立数据库，并没有有效发挥数据库的作用，这并不能达到大数据技术搭建的目的。

（三）缺乏大数据分析方面的人才

新兴技术引进与应用，往往需要大量的专业人才，高校的大数据应用同样也需要招聘相关行业的专业人才，对学生管理数据进行挖掘以及分析，使得高校的管理工作水平可以有效提高。所以，高校的大数据管理人才需要具备专业知识以及精通

能力，能充分利用大数据的优势，筛选有用信息，可以根据实际情况为高校解决实际问题，从而发挥大数据在高校管理中的实际作用。高校引进大数据并不单是对理念的引进，更是对数据进行实际应用，有效的数据分析结论可以高效解决存在的问题。

三、大数据时代高校教育管理的实现路径

（一）确立大数据应用意识

大数据时代，高校要引进并应用大数据管理。首先，管理层要有意识转变，对互联网技术的引进不仅可以提高高校的工作效率，同时也可以为教研工作提供新思维，了解到其重要性并不断提高专业性，更好地服务高校。其次，应该强化大数据在实际教研工作中的应用，如针对需要用到大量数据整合的学校图书管理系统，就可以应用数据信息进行相关的整合及分析，对学生的喜好及专业需要进行图书的采办，满足学生专业需求及个性化需求；或者针对口腔学生管理进行大数据分析、整合，了解学生需求，制订更加符合个性化管理计划。

（二）建立数据管理标准化系统

高校积极搭建大数据平台，对数据库的存储接入、分析管理、统一维护，能在一定程度上让各部门间信息共享，推进项目的进行，首先，制定一套标准，使得信息可以有效分类。对高校科研信息、学生管理信息进行统筹规划，筛选采集，制定出一套采集标准，再根据信息采集标准对高校不同类别数据进行全面采集，补充基础数据。其次，构建数据平台。平台涵盖的范围广，教职工可在线上找到相应数据，平台应当具备高校所有学科、专业、职能的数据库，并建立反馈机制，一旦教职工发现数据缺失，可以向相关平台管理人员反馈，使得管理人员可以更好维护平台数据，保障数据高效使用。对现有的信息管理系统进行优化升级，“为了更好地挖掘大量的、多类型的数据，也是整合和分析大数据的基础”，建立强大的融数据采集、存储、共享、挖掘、分析于一体的院校智能系统，收集更精准多样的教育数据，提升教育管理水平，促进高校教育管理现代化发展。

（三）搭建专业的数据管理队伍

大数据信息技术，需要引进专业人才构建数据管理人才队伍。根据高校实际情况进行大数据人才的培养、进修，补充大数据各方面人才库，如制定落实培训课程，培养出的人才应当拥有数据挖掘、数据开发存储等能力。

利用校企合作，使部分教研人员可以进入数据相关工作中进行实践，从而获取

相关大数据管理经验，或者聘请部分有实践经验的社会人员进入教学工作中，对实际工作进行了解分析，从中发现学校大数据系统中存在的一些需要改进的地方，使得数据系统更加契合高校的实际情况，真正发挥大数据管理系统在高校管理、教学中的作用。

随着大数据的发展，线上信息系统搭建越来越重要，获取信息越方便，高校科研工作、管理工作开展越有效。高校教育作为社会人才输送的重要基地，更应该在思想层面上意识到大数据的内涵，提升大数据在日常教学、教研工作中的应用，如口腔医学学生管理工作，基于大数据进行收集、整合，使得科研、教学工作可以更快速获取需要的信息，从而对信息进行分析，优化科研工作、教学工作，使得科研、教学更加符合社会的需求。

高校教育搭建大数据平台，需要明确构建大数据平台的目的，通过人才引进、校企合作等方式更有效地执行，其中也要对相关人员进行规范，使得大数据搭建更加高效，同时深入分析教学与社会之间的联系，通过构建有机统一的数据采集标准，建立一个数据融合、有效共享的平台，从而大大推进高校的大数据技术的进程。

第四节　云计算与大数据高校教育管理

积极实现与发展教育与“互联网 +”的跨界融合，全力推动云计算与大数据的信息技术与高校教育教学体系的深度协调统一，推进全国范围内的优质教育教学资源实现共享，最终通过多方协作，实现信息化对现代化教育教学改革发展的新支撑。我国高校应顺应发展趋势，彻底改变陈旧的教育管理方式，力争最大限度实现校内数据整合与资源合理利用，丰富高校教育管理模式的同时提升高校信息化教育管理水平。以往的校园建设往往因为信息技术不够发达而出现信息孤岛现象，这不仅一定程度上影响了高校的教学进度与质量，还会制约高校未来的持续发展。因此，创建数据标准化、服务简单化、任务关联化的动态教育管理氛围，才能做到坚持校园建设始终以师生为主体，切实从师生根本需求出发，构建业务流程更加简单的管理模式，尽可能提高校园教育建设的业务办理效率，实现教育资源共享与教育管理水平的稳步提高。

一、云计算与大数据对高校教育管理的影响

信息技术快速发展，为高校教育管理的发展提供了技术保障。近年来，国内高校一直致力于基于云计算与大数据模式下的信息化建设，并逐渐树立了集教学、研究、管理、服务于一体化的数字信息管理理念，通过智能方式了解师生需求，为广大师生提供更适于学习生活的发展空间。在云计算与大数据背景下，信息技术对高校教育管理产生了直接影响。高校信息化建设始终以提升高校教学质量为根本出发点，以立体化思维服务师生，以全方位角度分析问题，以个性化服务平台满足不同层次员工需求，从而实现教学资源共享及教育管理领域的资源整合与优化配置。

从现实应用意义上来看，云计算与大数据的应用，首先，可以创新高校的教育管理模式，打破以往灌输教育模式的简单僵化，改变忽视培养学生互动能力和创新思维的教学现状；其次，云计算与大数据的应用还能提升高校现有信息化管理水平，通过大量数据信息的不断分析整合，实现高校数据库的深入挖掘与分析，从而有效加强高校信息化建设；另外，云计算与大数据应用大大提高了目前高校教育管理决策的准确度；同时，还能促进各高校间的学术交流和应用创新，贯彻高校人本服务理念，全面推动高校教育管理实质性变革。

二、高校教育管理应用云计算与大数据问题分析

目前，高校对云计算与大数据的应用尚不成熟，高校信息化建设仍需要较长的时间，高校教育管理应用云计算与大数据仍存在以下几类问题。

（一）管理环境薄弱

受传统教育教学管理理念的影响，部分高校领导对云计算与大数据缺乏应用意识，对信息化建设缺乏长远规划；部分高校受教学资金所限，教学设备仍较为陈旧落后，无法适应信息时代的需求，这些因素的限制使高校信息化建设筹备不足，且伴有一定程度的安全隐患，再加上部分教职工信息和学生档案管理存在非标操作，甚至存在存储不当问题，亦加大了信息化管理环境构建风险；另外管理层和一些相关专业技术人员的思维和能力还不能与信息时代有效接轨，更进一步制约了高校信息化的优化发展。

（二）管理流程不畅

信息共享是云计算与大数据时代发展的首要任务，在这个大背景下，各类移动

终端设备盛行，其因拥有超大的数据链条和信息传递功能受到广泛关注。但是依托资源共享平台满足高校信息化快速发展的同时，也会面临诸如信息泄露或恶意修改等较大安全隐患。高校教育管理每年最大的工作量是要面对来自五湖四海的学生。学生的身份信息采集因多样性和复杂化而困难重重，随着信息化在高校应用的广度与深度逐步增加，上述问题得以改善，但由于部分高校虽然已经应用了云计算与大数据技术，由于技术应用陌生、不熟练和不规范操作，反而诱发重复采集现象频频发生，使工作效率不升反降，延长了工作周期，阻碍高校教育管理信息共享与健康发展。

（三）管理人才欠缺

各行业信息技术与人工智能的普遍应用能否可以完全顶替现有人力工作岗位呢？答案是否定的。恰恰相反的是一项新技术的产生一定会伴随着社会对更多专业技术人才的渴求。故实现云计算与大数据应用下的高校教育管理，更应吸引大量信息技术方面的专业人才，进行针对高校的信息数据挖掘与信息数据构建分析，才能更好地为高校教育管理工作服务。但是，目前阶段的高校大数据技术管理人才既要了解高校管理工作，又要熟练掌握“互联网 +”模式的整合分析，所以人才的选拔一定是高标准严要求的，但高校中存在这样的问题：计算机类课程较少，教学技术及设备较为老套，软件开发能力较弱，复合型人培养缺失且经验不足，从而很大程度上影响了高校教育管理方面的信息化水平提高。

三、高校教育管理应用云计算与大数据的创新举措

云计算与大数据时代的到来意味着传统数字信息技术时代的升级换代，应对新机遇与新挑战，高校教育管理建设已逐步迈入大数据进程，开启高校教育管理时代的新纪元。在建设与应用的进程中，需要进一步深化创新思维，理清创新渠道，实现创新举措。

（一）继续加强高校教育的信息化构建

高校应结合云计算与大数据的特点，推动院校教育管理的数字化进程，提高高校整体对信息化水平的认知，带动高校教育管理的新发展，高校教育管理应结合云计算与大数据技术，更新师生对大数据的深入了解，并加强信息化知识宣传与实践培养，切实关注云计算与大数据时代下传统量级倍数式的数据保存存储功能，融合云计算应用，实现教育管理的按需服务，同时实现资源内容由单一走向多元化的信

息共享，从而打破传统的静态信息发展理念，完成动态、精细与高效管理，一定程度上提升高校教育管理质量与工作效率，保证经济效益良好走势，进而实现作为前沿科学聚集地的高校教育管理的大数据平台发展。

（二）注重信息共享，杜绝网络安全隐患

信息化是现代社会发展的重要趋势，高校教育管理工作亟须寻求科学转型，在保持原有高校教育管理工作具有高瞻远瞩性的前提下，明确云计算与大数据技术在其发展中的关键地位，实现各高校间的信息交流与数据共享。但此刻不得不考虑信息开放共享的同时必然存在一定安全隐患。作为培养国家高端人才的学府之地，安全教育管理防护体系的建设显得尤为重要。首先，高校应针对安全风险，建立一个完善的教育管理体制，利用现代科技对信息平台进行全方位监控管理，坚决杜绝通过非法手段获取师生信息现象，如有必要，高校保留通过法律途径维护高校师生权益的权利；其次，合理利用防火墙、堡垒等数据保护技术，抑或是购买保护设备，以构造良好的安全防护体系，从而在安全前提下，大力推进高校教育管理工作的信息化发展进程。

（三）顺应趋势，加快专业人才技能提升

高校教育管理信息化需要以专业技术人才队伍构建为依托，才能最大限度发挥云计算与大数据技术在高校教育管理方面的优势，实现高校教育管理工作的信息化革新。在专业人才技能提升方面，应首先关注相关专业技术及系统维护人员的能力培养，打造一支符合信息时代发展需求的高素质人才团队，保证高校信息化建设的有效改革，提升工作效率，提高创新决策。此外，为了快速适应高校教育管理信息化发展，也可通过借鉴先进管理技能完善团队能力，利用高校优势达成相互交流，从而通过对大数据发展应用的深入学习，带动高校教育管理的信息化发展进程，从而为高校信息化建设助力。

第五节　大数据时代高校教育管理信息化

高校教育管理的信息化建设是高校未来教育发展的重要组成部分，高校必须充分发挥信息化教育管理优势，围绕大数据时代信息化技术的运用，做好教师队伍及教育管理团队建设，切实弥补当前教育管理工作内容的缺失，以信息化教育管理为

载体,推动高校教育管理工作的多元化开展。

一、大数据时代高校教育管理信息化建设的必要性

(一)提升高校专业课程教学实效性及教育管理质量

教育管理信息化建设,是高校教育工作适应大数据时代发展环境的重要基础。不同于传统意义信息化教学,教育管理信息化建设是指实现信息化教育的全面渗透,在学生管理、教师课程教学及高校教育规划等诸多方面,开展信息化教育管理实践,促使信息化教育管理能够成为高校教育工作稳步推进的重要动力来源。所以,从这一点来看,实现高校教育管理信息化,是提升高校教育实效性及强化教育质量的有效策略。这其中,高校不仅可以通过对碎片化教学资源进行整合,为教师专业课程教学提供支持,同时学生亦可通过大数据信息化教学平台自主开展学习,并利用信息化教育管理建立课程教学与教育管理联动机制,从根本上实现管理工作与教育工作的双向融合,解决传统模式下高校管理工作方向及教育工作目标难以契合的基本问题,促使信息化教育融入高校人才教育培养体系。

(二)强化高校信息化专业人才教育培养能力

近年来,产业信息化逐步成为各个行业发展的重要方向,掌握多方面信息化专业技能,对于未来高素质人才就业发展具有一定帮助作用。通过大数据时代对信息化技术的运用,建立信息化教育管理体系,将为高校未来阶段信息化的专业人才培养提供切实保证,进一步提升高校信息化技术人才培养能力。除此之外,围绕教育管理的信息化建设进行教育布局,促使高校能够更好地适应未来阶段人才教育培养环境,提升高校教育主导权及自主化教育培养能力,切实从立足当前、着眼未来的角度,为高校未来阶段教育发展做好铺垫。正因如此,高校教育管理信息化建设,其实际意义不仅是对高校教育能力进行提高,同时也在大学生就业、高校教育发展等多个层面为高校提供教育帮助,促使高校教育工作稳步推进,满足多元化人才教育培养需求。

二、大数据时代高校教育管理信息化现状及存在的问题

(一)高校教师对信息化教育管理技术应用能力不足

目前,新兴信息化教育管理技术,在部分高校教育管理体系中得到运用,集成大数据信息化管理平台的教育管理模块,极大地简化了高校教育管理流程,提高了高

校教育管理综合效率。但由于部分高校未能有针对性地做好教师的教育培训，导致教师难以充分掌握信息化教育管理新技术，在实际教育管理工作布局方面，也未能将信息化教育管理新概念加以融入，使高校信息化教育管理水平难以得到有效提升，信息化管理综合能力也大打折扣，对高校教育工作稳步推进形成一定阻碍。此外，高校在信息化教育管理资源的投入不足，也在一定程度上降低管理工作实际有效性，使实际的信息化教育管理方案未能得到充分落实，促使高校信息化教育管理工作产生形式大于实践问题，给未来高校教育管理工作开展埋下了隐患。

（二）高校信息化教育管理体系尚不完善

构建完善信息化教育管理体系，对于提高高校教育管理执行力具有一定帮助，但部分高校由于缺乏专业信息化教育支持，导致教育设施相对陈旧，教育管理系统更迭速度缓慢，难以满足当前教育管理工作的需求，部分基础教育管理工作仍然需要采用人工干预方式，极大地降低了高校教育管理效率。同时，也使高校信息化教育管理工作开展失去本质意义。之所以高校信息化教育管理工作产生这一问题，主要是由于高校对教育管理信息化建设未能充分重视，在细节上无法做好进一步优化，使信息化教育管理仅仅在部分基础管理工作项目发挥作用，难以在高校教育管理工作的各个方面提供帮助。久而久之，随着高校信息化教育管理体系的逐渐落后，教育管理漏洞随之增多，促使信息化教育管理主体教育能力受限，最终导致高校教育管理信息化建设成为教育口号，而非真正发挥管理作用的有效措施。

（三）高校信息化教育管理模式及管理方式滞后

早期阶段，高校信息化教育管理工作的开展，主要面向规范大学生学习行为及做好学生学习管理监督工作进行布局，因为教育管理项目单一，加之信息化教育管理模式尚未得到全面普及，促使初期阶段信息化教育管理工作不能发挥一定的教育优势。随着新阶段信息化教育发展形势的不断革新，早期阶段的高校信息化教育管理方式已然无法适应当前的工作环境，必须通过教育创新及优化信息化教育管理体系等方法，提高高校信息化教育管理水平，确保高校教育管理信息化的实践有效性。为此，高校应面向大数据时代教育发展，做好深层次信息化教育管理改革，推动信息化教育管理发展体系化建设，逐步提高信息化教育管理实践能力，结合构建大数据时代的信息化教育管理新形态，弥补当前信息化教育管理工作的不足，为后续阶段高校信息化教育管理更好地发挥教育主导优势夯实基础。

三、国外高校教育管理信息化建设发展对国内高校教育的启示

（一）澳大利亚教育信息化建设对国内高校教育的启示

20 世纪 90 年代末期，澳大利亚政府围绕教育数据信息共享，制定一系列的教育管理规范，要求各地区高校、中小学等教育机构，应实现教育数据信息有效共享，利用互联网实现数据信息传递。降低不同高校之间在师资水平上的差异，尽可能通过教育数据共享的方式，提高对高校的教育管理能力及教学水平的提升。后续阶段，为更好地完善信息化教育共享体系，澳大利亚颁布立法，要求定期对高校教育管理资质、教学能力进行审查，针对未能通过审查的高校，需要停止对外招生服务，直至其教育管理能力及教学水平能达到政府机构的标准要求。从教育发展的长效化推进角度来说，澳大利亚所采取的信息化教育管理措施，一定程度上提高了高校教育管理水平，却使各个地区高校容易陷入恶性的竞争，降低了部分高校在人才市场的核心竞争力，而政府机构对高校教育审查的立法，则又通过法律的制约维持了澳大利亚教育发展的平衡。因此，从这一点来看，澳大利亚所采取的信息化教育措施，充分结合澳大利亚高等教育发展的现状，对于提高澳大利亚高等教育的发展水平提供了切实保障。

（二）英国教育信息化建设对国内高校教育的启示

英国信息化教育起步相对较早，在教育管理建设发展方面，英国采用教育发展与产业融合的模式，通过构建权威的网络信息教学平台，根据行业的不同开展差异化教学，通过网络教学实现对高素质人才的教育培养。这其中，教育管理工作的开展同样是通过互联网进行规划。部分高校甚至采取线上教学与线下管理两种模式。教师主要负责线上教学工作，通过与线下教育服务机构的对接，充分将信息化教育融入高校教育体系。在此过程中，高校需要针对大学生就业意向、专业特点及专业学习能力做好评估，综合大学生自身学习诉求开展教育规划，并定期利用网络教学考核给予学生一定的学习评价。虽然我国的高校教育管理信息化建设发展，也对这一模式有所借鉴，但高校的教育干预能力及管理能力仍然相对薄弱，较为权威的网络教育机构也相对较少，导致我国高校教育管理的信息化教育发展，需要以高校自身教育体系为中心开展布局，无法基于网络教学进行教育管理规划。所以，英国的教育管理信息化发展体系虽然具有一定时代先进性，但并不适用于我国教育发展环境。所以，国内高校信息化教育管理需要通过一系列的教育发展改革，方能更好发

挥信息化教育管理的实际优势。

（三）美国教育信息化建设对国内高校教育启示

初期阶段，由于美国采取各州自治的管理模式，促使各个地区高校信息化教育管理规范存在较大差异，信息化教育管理水平也良莠不齐，随着后续阶段美国颁布了《国家教师教育技术标准》，要求教师必须对信息化教育方法充分掌握，并能在课程教学及教育管理方面付诸实践。至此，美国信息化教育管理水平得到大幅度提升，各个地区高校信息化教育管理工作开展也进一步参照政府标准。随后，美国通过将超级计算机接入信息化教育平台，利用对数据共享技术运用，实现对全国范围内各个高校数据信息整合，让美国高校信息化教育发展迈入新的时代。不同于澳大利亚的教育数据信息共享，美国教育管理共享主要由政府机构直接负责，而澳大利亚的教育管理共享机制，则是由企业直接负责，政府机构负责对企业进行监督。从这一点来看，美国高校信息化教育管理体系建设，在保证信息化教育管理有效性方面更具有基础优势，而澳大利亚的高校教育管理信息化建设，则是从保证教育弹性及教育灵活性角度开展布局，未来我国的高校教育管理信息化建设需要充分吸收国外的教育经验，结合自身的教育发展现状做好深层次的教育创新，切实将高校教育管理信息化作为高校教育发展新方向，为后续阶段更好地适应大数据时代的教育发展新环境创造有利的教育条件。

四、大数据时代背景下高校教育管理信息化建设路径及策略

（一）加强高校信息化教育管理联动能力

加强高校信息化教育管理联动的目的，在于更好地利用对外部教育管理资源的引入，为自身信息化教育管理工作的开展提供支持。这其中，高校方面可以联合政府机构与企业，协同组织信息化教育管理实践。企业方面应在大学生就业教育及信息化教育管理技术的应用两个方面给予支持，通过与企业的教育联动，提高高校信息化教学及教育管理实践水平。在此过程中，政府机构应做好对高校及企业的管理监督，利用制定管理规范，提升高校信息化教育管理标准化水平，确保对高校教育管理信息化建设的发展能起到积极的教育引导作用。此外，高校也可利用与网络教育平台的教育联动，建立双向教学管理机制，使线上教学线下教育的一体化联动，能促使高校教育管理信息化建设形成良性教育发展循环，更好地为高校未来教育管理工作开展提供帮助。

（二）优化高校信息化教育管理评价体系

以往，高校教育管理评价体系的建立，主要由教师负责相关标准确立。由于教师教育评价规划与学生学习管理诉求存在一定差异，导致高校教育管理工作无法融入大学生实际学习、生活，促使部分大学生对于高校教育管理工作开展产生一定的抵触心理。为此，高校教育管理信息化建设，必须要针对这一问题做好解决，以信息化教学管理为载体，通过领导层管理决策及民主投票两种方式制定高校教育管理评价标准，促使大学生自身也能参与教育管理标准制定，一方面，提高大学生教育管理的自主化水平，另一方面，可为高校更好地了解大学生的诉求提供参考，使后续阶段高校信息化教育管理局部，能为大学生学习诉求提供参考，促使高校信息化教育管理评价能成为提高高校信息化管理实践能力的有效方式。

（三）建立高校一流的信息化教育管理教师队伍

强化教师队伍建设对于高校教育管理信息化建设至关重要。高校需要针对信息化教育管理，做好对教师的教育培训，帮助教师掌握更丰富的信息化教学手段，并基于当前信息化教育管理问题，制订一系列的教育解决方案，确保高校教育管理的信息化建设，可以为高校实际教育与管理工作的有效开展提供帮助。在此过程中，高校要针对教师信息化教学水平及对信息化教育管理的了解，对教师做好信息化教学考核，考核内容则要由专业信息化教育机构进行选择，围绕高校当前的教育发展制定教育考核规划，促使高校教育管理的信息化建设，可以从管理水平及教育能力两个方面进行提升，此外，高校必须要做好信息化教育管理资源优化，确保对教育资源运用做到科学、合理，切实为教育管理信息化建设稳步推进创造积极条件。

（四）创新高校信息化教育管理新机制、新方法

教育创新是提升高校教育适应能力的科学方法。高校教育管理信息化建设，必须对传统的教育模式及教育体系进行优化，通过进行系统化教育改革，提高对信息化教学管理的接纳能力，切实将教育管理信息化嵌入高校人才教育培养各个细节。尤其要针对各个学科课程教学工作的开展做好调整，以教育管理信息化为中心重新建立新的教育发展体系。例如，针对教育管理方法的创新，高校可以采用教师管理、学生自主管理两种模式，利用在移动网络设备中做好管理软件的运用，促使大学生自身能通过智能设备终端对学习行为进行约束，并及时通过大数据信息库做好对学生管理信息的汇总，利用大数据平台数据分析，为教师教育管理工作开展提供内容参考，使大数据时代高校教育管理信息化建设，能充分发挥信息化教育的核心优势。

综上所述，大数据时代高校教育管理信息化建设，对于更好地提高高校教育适应能力具有重要意义。高校需要充分利用自身教育的优势，积极做好大数据时代的信息化教育管理布局，提高高校信息化教育管理的实践水平，基于当前阶段的教育发展需求建立完善信息化教育管理体系，从根本上弥补传统模式下高校教育管理的不足，为未来阶段高校开展高质量的教育管理工作奠定坚实基础。

第七章　大数据时代高校教育管理创新的现实意义

第一节　大数据对教育的促进作用

一、大数据时代促进教育改革的问题的提出

教育的发展直接关乎着国民经济的建设和国家的命运。所以，发展好教育事业是21世纪我们必须高度重视和密切关注的问题。教育的发展和社会优秀人才的培养都离不开良好的教育体制和管理制度的制约和管束，同时教育体制的好坏也决定着教育的成果和人才的质量。在互联网科技日益强大，科学技术不断进步的今天，要想促进教育的改革，必须和实际情况综合起来，利用大数据的信息收集、处理、分析的能力，建立高效便捷的教学管理平台，从而保障教学制度的实施和进行有效的管理和沟通。将大数据分析技术应用于教学管理的过程中，将促进教育资源的共享和实施根据实际情况制订可行性的教学计划，从而推动教育改革的步伐，促进我国教育事业的进步，为社会发展和进步输送更多高质量的优秀人才，从而对提升国家的核心竞争力有着极大的推动作用。

二、对大数据的正确认识和理解

大数据，是指规模大到无法在有限的时间内用常规软件对其内容进行收集、管理和处理的数据集合。大数据是需要新处理模式才能具有更强的决策力、洞察发现力和流程优化能力的海量、高增长率和多样化的信息资产。大数据技术的战略意义不在于掌握庞大的数据信息，而在于对这些含有意义的数据进行专业化处理。大数据具有容量大、多样性、生成速度快等特性。

三、大数据时代促进教育改革

（一）目前教育事业发展的现状

社会经济的发展离不开人才，人才的培养离不开教育。改革开放以后，党和政府以及社会群体高度重视教育的问题，对教育事业的投入力度也逐步增加。与此同时，在社会进步的同时，教育的方式也不能一成不变，教育的改革也成为社会发展的必然趋势。在改革过程中，有值得我们欣喜的地方，当然随着时代与科技的发展，传统的教育管理方式中的问题也越来越明显，并且需要我们高度重视。

传统的课堂难以适应新时期教育改革的发展要求，教师和学生对于课本以外的知识和教育动态的了解途径相对较少和落后，很难及时掌握教育信息和资源，严重阻碍教育事业的进步。

教育资源分布不均衡。目前，我国中西部的经济发展水平极为不平衡，导致教育资源的分布也很不平衡，教育不公平问题日益表现出来。

教育管理体制不明确，近年来，虽然国家在教育方面的投入相对较大，重视程度相对较高，但是目前我国在教育制度上仍然存在一系列问题。

（二）大数据技术在教育改革中的应用

大数据技术的发展和强大的效率性，使得其在各行各业中都得以应用和发展，电子技术、信息技术、图形图像处理等技术已经广泛应用于现代化教育改革中。

1. 传统教育方式的改革

以往我们都是通过简单的课堂教育的方式进行知识传授和接收活动，但是随着社会的进步，科技的发展，单单通过这样的授课方式已经完全不能适应时代的发展需要了。现代教育更加注重实用性和高效性，而大数据时代的推进，使得我们的教育方式不再局限于课堂教育的模式，教学活动的方式和课堂形式也越来越多样化。通过灵活运用慕课和翻转课堂，采用远程教育的方式能够提高学校教育活动的灵活性，既能够实现优质的教学资源的共享，改善教育资源匮乏和不平衡的状态，同时通过高科技和有趣的教学方式还能够激发学生的学习兴趣，调动学生的积极性。

2. 大数据在教育管理中的应用

大数据技术在教育管理系统中得到应用，利用大数据采集多样性的特征，通过建设数据库、在线反馈平台等方式，全面记录和反馈老师的授课情况、学生的上课积极性以及学生在学校的表现等方面，并通过大数据强大的分析能力将这些数据进行多方位多角度的监控和分析，实时反映学校的教学质量和校园建设情况，并能够根据实际情况对教学活动和学校管理活动进行调整，对促进形成健全的、科学的教育管理系统有着积极作用。

3. 大数据时代下教育资源的利用和教学方案的改良

大数据不仅可以帮助我们收集分析资料，还能够轻松将书籍、资料等归类，方便我们使用和记录。同时通过数据处理的方式，我们可以从强大的数据库中，快速找到最适用的数据信息，很大程度地帮助我们提高教学质量和学生的学习效率，通过教育资源共享的方式，结合当地和本校教学特色制订最佳的教学方案和教学计划。

教育改革事业在大数据时代的影响下，改革的速度越来越快。并且在科技和信息化发展的教育体制的指导和推动下，教育改革的步伐有条不紊、井然有序地进行着，为学生、教师、家长提供一个优质、适合的教育管理监督体制，促进了现代的教学改革和教育制度的规范。大数据技术在教育改革中的应用将复杂多样的教育资源整合在一起，能够使我们一目了然，方便我们查阅和使用，并且能够将教学过程和教学成果及时反馈出来，帮助老师和教研人员根据实际情况制订针对性、可行性的教学计划，保障教学活动的有序进行，使教育的质量和效率都大大提高，随着科技的进步和人类社会的发展，未来大数据收集、分析等技术在未来的教育等各行业发展中都能得以更充分的利用。

第二节　大数据时代下教育的具体变革

高校教育技术与教育变革是高校为了提高自身的教育水平和校园文化所长期进行的工作，需要与时俱进，并且能够符合时代背景。在大数据时代背景下，高校需要努力融入时代背景当中，为学生提供信息化教学服务，将大量知识通过信息化的渠道传递给学生，同时需要在师生之间搭建大数据传播与教学通道，努力提升教师的教学效率，为学生提供更加舒适且方便的学习环境，努力提高我国大学生的品质，让学生经过大学磨炼之后，能够成为对社会更加有用的人才，所以高校需要进一步加强教育技术与教学变革，高校应当清晰在大数据时代进行教育技术与教育变革的主要思路，找出落实高校教育技术与教育变革工作中所存在的问题与障碍，积极地解决问题并扫清障碍，进而推动高校教育变革。

一、大数据时代下高校教育技术与教学变革的主要思路

第一，正确认识大学教育的数字化。现阶段，在大数据时代环境的影响下，高校的教育逐渐演变为数字化的教育，当前我国的数字化教育仍然有很大的上升空间。作为高校教育工作者，必须充分地利用各项数字化技术，来构建较为完善的数字化平台，学生可以通过这一平台，进行相关教学内容的学习。但是这一数字化平台的构建也有一定的难度，在部分高校，教师对于数字化教育的认识程度不高，对于数字化的应用仅仅是在多媒体上，大多教师只是利用多媒体进行 PPT 放映，这样的数字化教育并不能够符合现今大数字时代发展的需求，这样的数字化教育只是对资源的一种浪费。新的互联网技术环境下，教学手段等都在发生变化，教师应该转变思想，利用好数字化平台。例如，教师可以收集每个班级对所授课程的评价数据，然后将这些数据进行分析，总结出教学中存在的问题，这对于教师教学上的进步是非常重要的。第二，积极使用社会化媒体。所谓的社会化媒体主要是指现今在社会中广泛使用的传播媒介，如微博、微信等，利用这些社会化媒体开展高校教育技术学教育，这样可以使学习更加深入学生生活，教师也从这些社会化媒体中认识到教育教学的重点，同时可以将知识与实际生活相结合，从而更好地推进学生的全面发展。

二、大数据时代下高校教育技术与教育变革需要解决的问题

（一）教师的信息化技术水平有待提升

在大数据时代，高校教育技术与教育变革需要解决的首要问题就是教师信息化技术水平不足的问题，对于大多数高校教师而言，其具备了基本的信息化技术能力，但是如果让其将信息技术融入教学工作中仍存在较大难度，由于这些教师大多已经上了一定的年纪，其在以往的教学工作当中鲜少接触与计算机相关的技术，甚至连幻灯片的制作都需要助教帮助其完成，因此，这些教师其自身虽然具有与其所教授的课程专业相关的知识，能够将丰富的专业知识教授给学生，但是缺少信息技术应用能力，因而难以利用信息化技术对这些知识进行传播教学，这就会影响高校的教学技术与教学变革工作，在高校需要契合大数据时代的背景下，教育技术与教学变革必须要应用到信息技术，也需要教师有一定的信息技术水平，能够在日常教学中应用信息技术和更加高效的教学模式，努力提升教学水平与效率，所以，高校必须解决部分教师信息化技术水平不足的问题。

（二）缺少高效的教育信息管理系统

大数据时代，高校需要为教师以及教育管理人员提供教育信息管理系统，虽然当前大多数高校都已经开始落实教学信息管理系统，能够实行线上教育管理工作。但是，当前高校为教职工所提供的教育信息管理系统水平并不高，能够提供的功能模块也并不能完全满足教育管理者的需求，教育管理信息系统经常会出现各种各样的故障而导致工作效率降低，这些都会导致高校的教育技术与教学变革受到阻碍，这属于技术难题，高校需要充分意识到导致其教育信息管理系统功能化水平不足的原因，以及系统频繁出现漏洞的原因。事实上，导致此问题最主要的原因就是技术支持不到位，即高校难以为教师提供具有较高水平和效率的教育信息管理系统。为此，高校需要进一步加强对教育信息管理系统的技术维护与提升工作，努力提高高校教育信息管理系统的功能与稳定性，确保高校的教育工作者能够高效地运用教育信息管理系统做好线上管理工作。

（三）教学体制过于传统

在大数据时代，需要高校进行彻底的教育变革，即在传统的教学模式中融入信息化教学手段。但是，当前我国大多数高校教学体制模式过于传统，虽然也在传统教学的基础上进行了突破创新，开始应用 PPT 或多媒体等进行教学，但这只是大数据时代最为简单的突破，为了能够充分落实高校教育技术与教学的变革，必须要深入应用各种教学辅助工具，例如，教学管理系统以及线上学习平台等。这些都是高校需要为学生提供的东西，并且需要高校教师能够在实践教学中充分运用，虽然高校对于线上教学的经验不足，通过 MOOC 课程尝试进行线上教学，但是并没有针对各个科目开展全范围的线上教学工作，这就会导致大多数高校的教学体制仍然过于传统，且向新型的信息化教学体制过渡较为缓慢，这严重地影响了大数据时代下高校教育技术与教育变革的进度，在国际化趋势下，我国的大学教育技术水平需要不断提升，才能够追赶上在国际上拥有先进教育技术的大学，能够提升我国大学的国际地位与声誉，否则在国际化的形势下，我国会有大批人才流失，他们会因为国外的教学水平更高而选择到国外的大学就读，且这些人才在经过了国外的教育之后，也有可能因为国外的人才发展计划而留在国外，不愿回到国内，这对于我国而言是巨大的损失。如果国内的高校可以留住这些人才，这些人才在日后就能够为祖国的社会发展做出更多的贡献。

（四）学生缺少信息化学习平台

学生应当是高校进行教育技术与教学变革需要考虑的主体，由于一切的教育技术与教育变革都是为了学生能够拥有更高的学习质量和学习环境，因此需要为学生提供信息化的学习平台，但是大多数高校都没有为学生提供功能全面的信息化学习平台，虽然学生能够在线上处理一些与学习和生活相关的内容。例如，可以运用线上图书馆服务功能进行图书的借阅以及可以通过线上教育系统申请换课等。但是，高校学生学习平台的功能仍不够完善，当前所提供的功能种类与服务均有限，学生仍然需要消耗大量的时间到教务处等去处理一系列问题，而这会占用学生的时间，如果学生可以将这些时间用于学习，可以极大地提高学生的学习效率，帮助学生节约时间，同时，还可以让学生有足够的时间去做自己所感兴趣的事情，这对于学生全面发展有很大的帮助。

三、大数据时代下高校教育技术与教育变革的策略

（一）提升教师的信息化技术水平

高校应当努力提升教师的信息化水平，这需要对全体教师进行信息化技术能力提升培训。在培训过程中，无论教师专业水平高或低，也无论教师是否为教授、是否有助教，都需要为其安排信息技术提升培训，确保每一位教师都拥有足够高的信息技术水平，能够灵活地在教学过程中运用信息技术创新教学模式。同时，最需要注意的是确保教师能够熟悉教学管理系统，这对于学校后期提升以及全面普及教学管理系统，在全校师生范围内应用有极大的帮助。考虑到部分教师自身的信息化技术水平以及对于信息技术相关知识的学习能力不足等问题，需要学校所组织的培训工作循序渐进、合理安排。组织教职工学习信息管理系统的使用方法，同时提高教师应用基础教学软件的能力，例如，Powerpoint、word、Excel 的使用等。

（二）构建完善的教育信息管理系统与学习平台

高校应当构建完善的教育信息管理系统，同时还需要为学生提供不断优化的学习平台，这就需要高校有技术团队的支持，不断地对学校的教育信息管理系统和学习平台的功能进行升级。同时，还需要维护教育信息管理系统和学习平台的正常运行，以确保其不出现漏洞和安全问题等。这就需要学校组建专业的团队，负责教育管理信息系统与学习平台的日常维护工作，及时搜集学生与教师对于系统和平台的反馈，根据教师与学生的诉求逐步完善系统与平台的功能。

（三）融入信息化教学模式以更新教学体系

高校需要努力更新其教学体系，在教育体系中融入信息化教学模式，这就需要高校成立教学体制教研小组，由教研小组负责针对学校的实际情况对教学的体制改革进行设计，采用 PDCA 循环管理模式，不断完善教学体制、变革工作，努力将其向信息化方向推进。所谓的 PDCA 循环管理模式，就是需要教研小组先制定教学体制向信息化方向变革的计划，之后将计划落实到实践教学当中，在实践教学中寻找计划的漏洞，并且寻找解决方案。

在大数据时代，高校的教育技术与教育变革的主要思想为正确认识大学教育的数字化与积极使用社会化媒体。教师的信息化技术水平有待提升，缺少高效的教育信息管理系统及以教学体制过于传统，学生缺少信息化学习平台，这三个问题是我国高校向着信息化方向进行教育技术与教学变革的主要障碍。对此，应当努力提升教师的信息化技术水平，建立完善的教育信息管理系统，融入信息化教学模式以更新教学体系，为学生提供功能完善的学习平台。

第三节 区域教育信息化与教育均衡发展

信息技术和网络技术的快速发展和深层次的应用，不仅极大地改变着人们的生产方式和生活方式，还极大地改变着人们的思维方式和学习方式。因为受众多因素的影响，基础教育发展不均衡已经成为制约全面提升教育质量和水平的瓶颈，而信息技术在教育领域的应用为解决这一问题提供了契机。可以说，通过信息技术更加合理地配置教育资源，促进义务教育均衡发展，提升基础教育的质量与水平，已经成为教育信息化发展的重要机遇和重大课题。

一、与时俱进，更新教育理念

教育信息化过程不仅是教学方式的改革，还是教育思想以及教育观念的转变过程。试想，如果教师认为教育信息化就是将现代信息技术引入学校和课堂，而没有对教学课件的内容以及知识呈现方式做出一定的研究，没有对学生的学习效率做出一定的研究，那么教育信息化的价值就会大打折扣。因此，教师要与时俱进地更新教育理念，从而将教育信息化的价值最大化。

教育信息化模式下，学生的做题时间、出错率，学生在每一道题目上的出错频率以及学生观看某一微课件的次数和频率，都可以通过信息数据统计出来，信息数据的真实性与直观性，会促使教师对学生的学习效率以及知识掌握情况做出精准的判断，进而做出针对性的教学设计。因此每个教师都要充分认识到现代信息技术的重要性，并促使信息技术更好地为课堂教学服务，而不是单一地认为教室内配备电子信息设备就是实现了教育信息化。

在教育信息化模式下，教师还可以借助多媒体课件以及学生所呈现出的真实数据，对学生进行因材施教。因为学生之间是存在个体差异性的，不同学生对不同知识的掌握情况也是不一样的，而且不同学生也有着不同的性格喜好，有的学生喜欢音乐，有的学生喜欢绘画，有的学生喜欢阅读，有的学生喜欢研究几何图形，还有部分学生的知识构建能力比较欠缺。因此，教师要综合不同学生的学习习惯，向学生推荐不同的微课，从而让每一个学生都能借助现代信息技术这一把钥匙，开启知识世界的大门。

二、重视教师教育技术培训

虽然现代信息技术已经发展了很长时间，但是信息技术的发展速度非常快，而且信息技术的运用中会涉及多方面的知识，所以依然有部分教师不会运用现代信息技术。而且终身学习本就是教师的职业素养之一，因此，学校方面一定要加强对教师信息技术运用方面的培训，从而让信息技术在教育教学中发挥出更大的价值。

首先，学校方面要充分调动教师学习的积极性，促使教师借助丰富的互联网信息展开自学，如教学资源的搜索、教学课件的制作等。在教学内容的呈现方面，教师可以借助名师微课，了解教学同仁是如何做到既拓宽学生的知识视野，又不让学生因为知识的多样化而无法突破重难点。而且教师还可以借助微课件，了解教学同仁的教学语言以及教学策略，从而去其糟粕，取其精华。

其次，学校方面可以通过请进来的方式，邀请教育信息技术方面的专业人才莅临学校开设讲座。虽然网络资源中有着大量的制作课件以及网络直播相关的知识，但是大多都比较零散。而且某些难点教师自己并不能加以掌握和运用，他们也需要专业人士的专业指导。

最后，学校方面也可以通过走出去的方式，到教育信息化运用程度较高的学校进行深入学习。教师是学生学习道路上的引路人，教师的教学理念以及教学技能在很大程度上会影响学生的学习情感与学习态度。所以教师一定要把先进的教学理念和教学技术呈现给学生，从而促使学生遨游于知识的天空。

三、聚焦优质教育资源共建共享

优质教育资源的统筹管理与使用，能够打破校际间的壁垒，充分发挥“名师”的引领和辐射作用，进而能够切实帮助学校改进教学，提高质量。

首先是优质教育资源的共建。优质教育资源的建设是每一个教师的职责，所以每一个教师都要把自己当作优质资源建设的主体，积极学习先进的教育理念和现代信息技术，不断提升自身的教学智慧，从而切实提升课堂教学质量，如教师可以结合不同的教学内容，搜索相应的教学资源，并将其通过合适的方式呈现给学生，从而促使学生在信息技术的引导下增长见识，形成能力。

其次是优质教育资源的共享。当学区范围内制作好适应本学区学校学生的教学资源后，要及时将这些教学资源发送到每一个学校，并引导学校做好教学资源的运用。如果某一学校在教学资源的运用方面出现了困难或者问题，那么其他学校一定要给予相应的支持和帮助。

总而言之，教育的均衡发展是义务教育发展的新方向，而教育信息化的逐步实现能够切实推进教育的均衡发展。因此，每一个教育工作者都要积极学习，认真研究，实现多元化运用，从而全面提高课堂教学质量。

第八章　大数据时代高校教育管理应用

第一节　高校大数据的采集应用与管理

大数据时代，运用大数据科学技术不仅要靠大量的信息数据，更重要的是掌握获取信息数据所涵盖的专业知识，对于专业数据进行加工和精细化整理。根据科学、客观的分析论证，对大量专业以外的但对社会有价值信息数据进行交集加工，以得到集合可用的大数据。

一、高校大数据的采集

在高校信息化建设的过程中，各二级学院、职能部门综合实际建立了各自的业务系统，并储存收集了各类业务数据，如教学应用的课件，教学论坛，开展微博以及微信科技活动等所形成的网络数据。其数据的采集可分为结构化数据和非结构化数据两大类。

（一）采集结构化数据

结构化数据也就是数据在集成期间，可将有关联的、不同结构的数据汇聚在一起，再经过数据集成，以此来实现各自的业务系统与数据的结合。可根据实际应用的需求，以数据库与数据的对接交换，实际上也是数据应用的交换。这两类数据的交换都有着不同的要求，要符合数字逻辑，富有科学性地交换。

（二）采集非结构化数据

在高校中数据库以外的数据也要采集，这类数据通常有文本等类型的数据，这些数据可以进行必要的关联、联结，储存在数据库外部的数据往往是工作过程中形成的视频文件、业务文档、音像、图片等，其数据主要通过广大师生、诸多的课程来实时采集，非结构化数据上也可附加主数据元，以作为最有效的引证，以实现数据集成。

二、高校大数据的应用

（一）数据共享服务

大数据应用过程中，数据库结构可以进行很好的规划，数据库内容也可以很好地充实，对不同类型的数据进行加工整理，形成统一数据，留存访问接口，提供有效数据资源信息和可行的检索服务平台，存储应用系统各类数据，变换所需要的各大类型的信息数据，对数据实施交换，充分发挥其功能，以获取应用权威的数据，结合工作需求对各工作职能部门使用应用系统，实现全校的大数据共享、共用。

（二）数据分析应用

对集成数据进行及时清理，分析数据，展示数据，除去重复的数据，严把数据质量关；充分挖掘高校教学数据资源，发挥数据的应用价值作用，开展教学评估，学生培养方案研究。进行学生个人成长分析，也可进行资产评估、教学经费、图书资料、人才使用等数据分析。

三、高校大数据的管理

（一）对数据实行分类管理

高校中数据资源的来源，主要是由各职能部门在长期工作中产生的业务数据，也形成了大批量相关的数据。数据资源一是教育教学资源数据；二是开展网络活动、网络行为形成的数据；三是开展大批量的无线认证活动所形成的数据等。这三大数据来源涵盖了学校各个方面，数据类型上有数据库资源，也有图像、音频、公文等形式的文档资源数据，这些不同类型的数据资源可实行分类管理，分别在系统中存储，设置接口、终端，以实现不同类型、不同数据经过交集、整合得到有效的大数据。高校中对大数据可进行分类管理，分类使用。

（二）实行数据的交集过程管理

高校大数据的来源主要是各职能部门，而数据资源规划在各职能部门的缺乏比较严重；数据共享、共建意识不强，开展数据库建设工作力度不够，各部门建设的进度不一、数据采集不一，对数据资源共享共用造成了一定障碍。因此，在大数据管理中，数据的关联性很重要，要挖掘各类数据的内在联系，增强数据预测性，通过对海量数据进行分析研究，以分析教育事业未来的发展趋势，应用大数据做出重大决策，以达到人们认知的共同性，以教育事业发展促进国民经济大发展，用大数据给各级政府提供有效的决策依据，提供充分可靠的数据依据，也为高校发展决策提供有力的数据支持。

（三）实行大数据时代隐私保护管理

数据经大量收集后，也会暴露一些个人隐私。高校的大数据覆盖学校方方面面，如学科、教师数量、质量、学历、职称结构、个人信息；学生的各方面信息，像学生个人特长、生活习惯、图书阅读习惯、文献检索习惯以及学校的课程体系，学校学科专业目录、教师及各类人员的工资收入等，这些数据都要进行采集与分析，为决策服务。而在进行数据采集同时，要做好用户隐私的保护，设立必要的加密接口，保障个人隐私。

（四）加强数据库的保护利用和管理

大数据时代，高校各类数据库都是大数据元的基础，必须对各库实行严格的加密授权，不是所有人都能入库索取有关数据，要经授权，方可获取数据库中有关数据，这方面要严加管理，防止数据丢失和数据乱传播，以免造成不良后果。

大数据时代，高校充分利用大数据，可以更好地为教育教学、科学研究、管理育人服务，发挥其重要作用。

第二节　大数据时代高校教育管理模式

教育管理模式的转变能够促进教育行业发展进步，大数据背景下的高校教育管理模式已经随着技术的应用正在发生变化，而大数据资源在教育领域的应用也得到国家层面的高度重视，当前的数字图书馆、智慧校等都是大数据在教育中的应用成果，大数据对教育管理理念、教育决策的制定、教育体系构架的影响力逐步增大，教育管理模式的变革也应当顺应时代发展与技术的进步，要适应大数据，使用大数据，在大数据与教育融合的过程中抓住改革机遇，应对技术挑战，及时调整教育管理方式方法，提升教育管理水平，以满足时代发展需求，真正促进教育行业的发展进步。

一、大数据对高校教育管理模式转变的影响

（一）教育管理的主体从单一向多元转变

我国高校教育管理的任务主要还是由教职员工群体来承担，以及政府各层级的教育管理部门，在高校内的教育管理几十年来基本上处于单向输出的状态，高校管理者为保障教育工作的顺利开展以及校内的环境稳定，管理通常以贯彻执行政策为主，虽然限制了管理的主动性与创造性，但是管理的基本效果是有保障的，随着时代的变化发展，一味地稳定管理会出现弊端，首先凸显的就是教育管理模式老化，力不从心，学生群体的思想是不断发展的，时代给高校教育管理带来的环境转变也是不可忽视的，当代大学生个性更加开放，渴求参与，学生组织在高校教育管理中的作用也越来越大，学生参与高校管理的兴趣和意识增强，互联网、大数据也给了学生更加广阔的眼界和认知，高校管理者当然要重视起来学生的诉求，实现高校与学生的协同管理，通过大数据的技术手段，高校管理者也能加强与学生的互动与交流，及时获悉学生的思想动态，将教育管理活动单向执行转变为创新管理探索，优化管理政策落实方式，和谐校园管理氛围；此外，大数据的支持在一定程度上也给社会各界提供了参与高校管理的机会，丰富的数据资源为教育管理部门提供教育管理动态，吸取社会成员的看法和建议，教育管理部门与社会各界的信息孤岛将会打破，缩小教育管理边界，使社会成员对于高校教育管理更有积极性和责任心，而教育管理部门也将主动或被动地听取公众声音，根据社会教育需要来完善管理办法，促进教育管理的进步，教育水平的提高。

（二）教育管理的方式更加多样

从管理到预防：一直以来的高校管理存在一定的滞后性，很多规章制度是在发生事件后的弥补完善，缺乏应急管理机制，当发现事件时往往危机已经显现或者事态相对严重了，高校在管理上比较被动。大数据资源通过云存储和云计算，关注学生网络使用、社会行为等情况，能够预测学生思想、行为的可能的发展趋势，通过分析对学生的学情、心理健康状况有大致的把握并及时进行干预和疏导，提高教育管理的预警能力，更具前瞻性。

从静态到动态：当前高校的教育管理主要是以静态管理为主，按照章程办事，通常的管理落实在学生填写各种表单，成绩考核，荣誉证书等等结果性的形式，这种管理方式的实时管理效果并不明显，通常起到的是记载的作用，而环境是时刻在变化

的，高校对于学生的动态管理尚显不足。大数据给高校动态教育管理提供了可能性，结合可视化分析、数据分析、数据挖掘等等现代化的技术手段，深度挖掘学生的成长轨迹，根据学情变化随时对管理进行调整，使得教育管理能够跟得上学生发展变化的步伐。

从粗放到精细：保证促进学生的个性化发展是当前高等教育的目标之一，也是促进大学生全面发展的重要内容。我们国家处在发展的重要阶段，大学生群体肩负着国家建设创新的重要使命，作为高校来说，个性化的教育管理不仅仅为了满足学生个体的发展，更是顺应国家发展的需要。但是当前我国的高校教育管理仍旧存在一把抓的现象，对学生的个性化教育管理服务还远远不够，教育的差异性和独特性没有施展的空间，学生的自主学习能力没有得到充分的挖掘，并且教育评价机制仍旧视同一律，也无法凸显学生的独特性，大数据则可以通过数据的整理分析构建管理模型，对学生的学习习惯、学习成果、学习内容进行行为分析，根据学生的学习情况和效果反馈制定更加合理的学习方法、教育策略，提供更加准确的个性化服务，同时也能够根据教育者的教育动态反馈帮助教育者更好地改进工作方法，使教育管理更加细致精准。

（三）教育管理的决策更加科学化、系统化

大数据的科学利用也是实现教育现代化的必然手段，教育管理是个不断完善、优化的过程，一些先进的教育理念和教育方法都可以借鉴，大数据的聚集能够使这些信息资源更加丰富，为我们的教育决策提供更多的参考。一方面通过大量的数据信息能够抓取到人们的想法和意愿，把握教育热点问题和人们期待的教育目标、模式的改革，能够让教育管理真正反映人们的需要，反映民智民意；另一方面通过数据信息能够为教育管理决策提供丰富的量化指标，提高教育管理决策的科学性和有效性。

一直以来高校的教育管理工作千头万绪，学校的行政、教务、学工、团委等都在共同参与教育管理的工作，分管不同的任务，但是工作中也经常会有相互重叠的部分，而各部门之间的信息传递不畅使得各部门工作各自为政，协调不力，管理低效，而大数据能够实现资源共享，为高校各部门建立起实时沟通的桥梁，使得单部门的信息能够跨部门使用，信息的集成汇总也利于数据整体分析，形成整体的管理思维模式，从而逐渐实现教育管理的系统化。

（四）教育管理的评价更加客观精准

评价在教育管理中具有十分重要的导向和激励的作用，无论是对教育的主体还是客体，科学、客观的教育管理评价能够发挥出积极正向的作用，从而推进教育的主客体产生内在的主动教育。在高校教育管理评价中，多数还是通过管理者的经验为主要标准，主观性极强，还有一些是依据分数、证书等为主要量化指标，而在价值观念、思想行为方面缺乏有效的评价。大数据则是兼容并蓄，不以单一的主观经验或者单一量化为标准，是以客观存在的数据基础和技术作为支撑，能够让教育管理评价更加客观精准。

二、大数据背景下高校教育管理应注意的问题

（一）技术难度

大数据的特点之一是存储量大，内容复杂，数据资源如果没有得到很好的整合利用，那么数据对于教育管理来说就只是一堆鸡肋的信息资源。互联网时代的数据只会越攒越多，作为教育管理部门，如何从这庞大的数据信息里挖掘有效、有用的信息资源是首要解决的难题，其次在数据存储与数据分析方面也有着不小的难度，因为数据的复杂性和无规律性，数据分析利用的效率也必然会受到影响。

大数据的不确定性为数据有效利用带来挑战，海量的数据要通过甄别筛选才能挑出有用的信息，原始数据的不确定性给数据的整理增加了难度，要剔除有害、无效的信息，还要确保信息可用的时效性，因为无论是错误的信息还是过时的信息，都会给教育管理决策带来风险，影响教育管理的科学性。

大数据存在信息安全以及隐私泄露的风险。大数据的体量巨大，当前的软件设备难以驾驭，再加上一些教育管理人员的操作不够专业细致，很容易造成误操作使得隐私数据有泄漏的风险，从而使大数据表现出低密性的特性。对于高校的数据储存，无论是硬件设备还是软件设施，托管存储还是使用过程，数据的安全性要得到切实的保障和提升，这对于高校来说也是一个很大的挑战。

（二）管理难度

互联网的发展是有阶段性的，高校教育管理利用互联网技术也存在着阶段性的建设特点，例如有的学校的门户网站或者院系网站都拥有自己独立的物理服务器，全部统计下来甚至有的院校拥有数十个网站，还有各自不同部门的管理操作系统，比如教学管理系统、教师系统、学生系统等，并且各个系统之间并不互通，而教学管

理的工作只会越来越庞杂，管理系统之间的断联使得数据不能集中、精确统计，如果哪个部门网站或者系统出了问题，有可能会造成该分部的数据缺失。所以构建一个系统性、完整性、标准化、流程化的数据中心是非常必要的，能加强高校的教育管理水平。

高校的数据中心建设需要有强大的经费支撑、专业技术支持，虽然当前高校教育管理的信息化程度有了飞速提升，但是随着数据指数持续增长，数据中心的运营维护费用也会越来越高，节约成本和缓解资金紧张成为高校教育管理中必须要解决的问题，构建融资机制，吸引社会资金不失为一条可行之路。另外，大数据信息人才短缺使得高校信息化教育管理队伍捉襟见肘，管理人员多而技术人员少使得高校信息化队伍构成不合理，没有技术作为基础支撑，就难以发挥大数据的效用。

三、大数据时代推进教育管理现代化的对策建议

（一）深入挖掘大数据，提高高校数字化管理水平

大数据广泛存在于各类型的数据库中，有效挖掘教育数据，掌握好处理分析数据信息的方法，才能提高高校数字化教育管理的水平。高校在大数据建设项目中要明确发展构架，做好顶层设计，要保障大数据信息系统采集、更新、维护的正常运行；要深入研究数据的生成规律、内在特点，扩大对大数据应用领域的研究，在深入应用大数据的过程中提高教育管理现代化的程度；高校还应当做好大数据发展战略规划，鼓励社会群体多多参与，提高教育发展的内驱力。

（二）促进大数据与教育管理的协同发展

大数据能促进教育管理变革，同样的教育管理方法创新也能为大数据的推广应用提供机会，二者是相辅相成的，大数据能给教育决策提供引导，而高效的教育管理又能促进大数据和教育管理的进一步融合，因此高校在建设大数据项目时要注意抓住机遇吸取发达国家的教学、管理经验，积极开展国际合作，从根本上发展壮大大数据技术。另一方面要加强大数据项目的资金的支持，提升技术管理人员的专业水平，高校应积极承担网络安全责任，保障数据的稳定安全。

（三）强化高校大数据教育管理的师资队伍

师资力量是教育管理的重要构成，随着教育变革的不断发展，师资队伍也要及时根据环境变化和发展需要来不断充实自我，提高各项管理技能。对于大数据管理的专业技能就是要提高师资队伍对于数据信息的采集能力，运用技术对数字信息的

分析能力，并从中提取出有效的数据信息；高校要对管理教师进行专业素养的提升培训，让师资队伍能够有机会接触最新的网络和设备，用科学知识武装队伍，让教师的教育技能与管理技能得到双重提高，培养综合人才。

总之，大数据对教育行业的影响是巨大的，高校教育管理工作要充分利用好大数据给管理带来的便利和创新，抓住大数据带来的教育改革机遇，加强高校大数据项目的建设管理，提高数据安全性，充分挖掘大数据的信息资源，让大数据为高校教育管理决策提供可靠依据，切实推动高校教育管理的进步。

第三节　大数据区块链技术与高校教育管理

一、大数据时代信息的发展与区块链的诞生

（一）信息传播与发展

文字作为信息的载体，它的出现是人类文明史上的一座伟大的里程碑，它让信息可以被记录、被存储，并在更大的范围更深入地传播。信息的积累和传播，是人类文明进步的基础。没有信息的传播，就没有交流，物质和能量就无法顺畅、和谐地流动，就不会造就今天的文明。

信息的爆炸传播，使人类社会快速地向前迈进，达到了不可思议的程度。让信息更广泛、更快捷、更高效、更准确地传播，是人类社会发展的内在需求，正因为如此，秦始皇被称为“千古一帝”，因为他统一了文字和度量衡，给不同地区的人经济交往和文化交流提供了便利，这是中国能成为一个统一的多民族国家不可缺少的基本条件。

（二）互联网实现信息互联

互联网的出现，使信息得以爆炸式传播，充分发挥了信息的传播作用。互联网也改变了信息传播的方式，在互联网这个媒介上，人人都可以制造信息、传播信息、接收信息。只要一部手机，人人都可以是媒介，人类进入了自媒体时代。信息传播方式的变化，让普通大众也开始有了话语权，让信息传播交流的渠道变得更短更快捷，信息传播的效率更高，人类社会经济发展速度也因此超越以往任何一个时代。

互联网实现了信息互联，实现了信息点对点传播，即“去中心化”传播，却无法解

决互信的问题。互联网上互信如此之难，以至于还诞生了“水军”“刷单”“刷信用”等新生职业。互联网时代，人类为了达成“互信”，付出了很多努力，花费了很大成本。互联网时代的信息传播，还有一个人们十分关心的问题，就是隐私和安全问题。互联网诞生了一个新词“人肉”，即通过互联网信息去确认一个人的现实身份。所以，人类对密钥技术的探索从未停止过。在对数字货币的探索过程中，密钥是其中的一个关键技术，区块链也是密钥技术探索下的产物，是一种从信息互联到价值互联的系统。区块链的诞生解决了互信问题。区块链的出现，可以在任意两个人之间建立点对点的信任，不需要中心机构的参与，甚至不需要监督。

二、区块链与大数据的融合

“万物皆数”这个由毕达哥拉斯学派提出的哲学命题，在过去的两千多年里一直指引着人类理性地探索世界的未知领域。随着20世纪计算机和信息技术的不断发展，以及物联网时代的到来，一个数字化的世界呈现在我们面前。海量数据汇聚到一起，基于大数据的全新模式开始渗透到不同的行业，数据成为一种新的生产要素，成为这个时代提升生产效率，开展活动的基础。

人类社会正在进入一个信息化社会，大数据时代。数据的开放、共享甚至是交易和流通，是万物互联时代一个非常重要的要素。大数据时代强调的不是“大”，而是“活”，即判断一个数据是否有价值，主要的判断标准是这个数据是否被活用。让数据产生最大化价值，开放与共享是最佳的途径。然而，过去的信息传播都是中心化的。在“点对点”的信息传播中，一直都有两个难解的问题：一是信息传播的一致性问题，二是信息传播中的互信性问题。在区块链出现之前，这两个难题几乎是无解的。

随着共享经济的不断发展，互联网时代的到来，区块链技术与大数据技术进行融合共生发展将是未来的大势所趋。利用区块链技术在数据方面的开放共享、不可篡改、可追溯等特征，可以确保采用了区块链技术的大数据平台所搜集到的数据将是真实与可靠的。伴随逐步成熟的大数据技术也需要一个应用实体，以体现其自身价值，而大数据技术与区块链技术作为两种相互独立的互联网技术，要想实现两种技术的充分融合，不仅需要克服技术上的难题，更需要政府以及企业通过市场的力量将二者相融合。

科学与技术彻底改变了我们的生活，但记忆、传统和神话却限定了我们的反应。

在区块链技术浪潮席卷而至时，我们清晰地看到了一个崭新的世界。区块链技术将要构建一种新的资源分配机制。在国务院印发的《“十三五”国家信息化规划》中，区块链（Block chain）作为革新性的技术纳入了国家行动计划。“区块链 +”上升至国家战略，受到了各行各业的高度重视。随着技术的进步，区块链与各个行业产生了深度融合，构建了适用于不同场景的价值传输体系。在“区块链 +”推进过程中，我们看到的不是取代，更不是对立，在思维创新的同时基于现有技术与基础设施的一种跨界与融合。区块链技术与大数据技术进行融合共生发展可以说是未来的发展方向。

“区块链 + 大数据”在各个领域的应用场景，除了应用于数字货币，区块链技术主要应用于信息加密、智能合约、信用记录模块，它在网络安全方面也有巨大的应用空间，尤其在高校教育领域具有较大的应用优势。

三、区块链技术在高校教育管理领域的应用

（一）区块链技术让高校教育管理的知识产权保护更容易

传统知识产权一直面临确权耗时长、时效性差，用权变现艰难、流通不顺畅，维权难、溯源难这三大难题。由于侵权严重，原创作者生存艰难，创新乏力，进而导致抄袭篡改的作品长期霸占屏幕，无法获得优质内容。区块链通过程序算法自动记录信息，移除第三方，将知识产权的信息储存在互联互通、共享的全球网络系统中，无法被任意篡改，极大地提升了维权的效率，未来也许会彻底改变全球知识产权保护的格局。

高等院校知识产权保护不力，特别是声音、图像、影像这类版权，更容易引起所有权争议。如果知识产权保护不力，侵权严重，原创作者会处境艰难。在高校教育管理领域，知识产权保护一直是有待解决的难题。庆幸的是，区块链技术的出现，也许可以成为解决高校教育管理领域知识产权保护的契机。高等教育院校可以通过区块链技术为在线教育提供安全证书系统，以确保确权、用权、维权的安全保障。互联网技术有效提高确权的效率，解决了高校版权证书的手续烦琐、耗时长、时效差的不利因素，充分发挥区块链技术在高校教育管理领域的应用成效，在常规学生管理过程中，高等教育院校可依据教辅人员、专业学生、教学管理部门所产生数据信息的差异，设置对应的管理权限，避免用户权限使用管理不当对高校师生信息完整性的不利影响。

（二）区块链技术构建高校教育管理平台安全机制

在高校教育管理平台构建过程中，首先，相关机构可以与高校教育系统中的著名高等院校、专业学院、教育机构及科研机构建立联系，进行沟通，构建基础数据库，为后期网络互联奠定坚实的基础。其次，相关专业技术机构可以以完善高等教育院校内师生信息管理为入手点，进行人才信息库的搭建。同时，在高等教育院校联盟系统中，增加院校信息、科研信息、学术信息、图像影像信息、公开课信息等内容，为高校教育管理领域整体数据分布式管理提供保障。

随着区块链技术的不断进步，其自身也存在着安全隐患，对高校教育领域的应用存在一定的影响。高等教育院校可以针对现阶段教育领域学生管理环节中存在的安全风险、安全隐患，采用专业算法技术＋现实约束的模式，为高校教育领域学生管理提供专业、法律等多方面的安全保障，避免恶意攻击对高校教育领域区块链系统的威胁。同时，高校相关机构可以利用区块链技术、大数据技术，构建高等教育机构内部学生学习成绩记录、考勤记录、教学活动记录、学历学位证书验证等模块，从而有效保证整体高等教育机构学生信息记录的公开透明性。对高校教育领域区块链系统可能会发生的黑客攻击的多种模式、空间、时间段及等级进行系统分析处理。预先构建恶意攻击防范机制，构建一种新的资源分配机制，建立管理平台安全机制。利用区块链技术系统自身安全体系的优化建设，以确保全面保障高校教育领域内各节点信息的安全。

（三）区块链技术在高校教育资源管理中的应用

在高校教育管理领域，区块链技术的开发应用仍处于探索阶段，需要更深层的研发尝试。而区块链技术的分布式信息管理、不可篡改、去中心化的特征，将会在高校教育资源管理中的应用方面展现尤为突出的优势。

以高校教育资源管理为例，高校可利用专业的云计算技术，在云端服务器中，利用区块链技术进行公共服务系统的构建，建立教育资源开放新生态，建立高校教育领域中的基础应用模块和去中心化教育系统模块两大模块，将高校教育资源系统作为一个区块链发展生成过程。在区块链系统中，高校教育人员可以通过分布式数据储存的方式，在每一节点链接结构中配置相关的教学应用课件及多媒体课件，同时在每一节点之间设置数据信息交互模块，为各个节点之间的信息共享及独立时间戳验证提供依据。

随着数字化时代的发展，数字化的检索、与读者的及时互动以及存储和保存读者信息等方面都是高等院校图书馆管理所面临的新课题。高校区块链图书管理系统可以以构建一个系统的、科学的知识体系作为检索的核心，使文献、数据库之间互通互联，有效实现各方数据的共享和兼容开发，让读者能够更便捷地使用图书馆的资源。相信，在不久的未来区块链技术将在实践中不断完善，并被广泛推广、应用于高校教育管理的各个领域。

综上所述，区块链技术在高校教育管理领域的应用，为高校师生信息管理及其他教育资源管理模式优化提供了良好的机遇。通过区块链技术优化高校教育方式和教学质量，对社会甚至整个国家的未来都有决定性的影响作用。现阶段，我国已进入大数据时代，高校师生在日常工作生活学习中能够更好地利用大数据技术，发现和实现各活动之间的联系，不断挖掘数据间的价值，从根本上提升高校教育管理的质量和效率，但同时，在大数据时代背景下同样也存在一些有待解决的问题，本节对大数据时代区块链技术在高校教育管理领域的应用进行了研究，结合高校教育管理的实际情况，利用大数据与区块链技术，发掘展现出高校教育管理模式创新途径，希望通过本节能够对提高高校教育管理水平做出贡献和参考。

第四节　大数据服务高校学生教育与管理

大数据时代和技术的催生必然推动时代的发展和演变，这种变化不仅体现在思维观念上，更体现在技术、物品等层面。在目前高校发展过程中，要对人才实施科学有效的管理，必须引进大数据技术进行辅助教育管理，在学校日常管理工作的同时，将大数据技术作为最基本的战略性资源，大力推进大数据技术在校园发展中的应用。同时，为了在尽快转变教育管理模式的同时保证学生的教育质量，学校还要建设大数据资源共享平台，为师生提供开放性的应用环境，为推动校园教育转型、发展、升级、创新打好坚实的基础。有学者指出，大数据即借助海量的数据，在对其进行分析整合的基础上，不断获得丰富的、价值高的数据产品，为人类提供更优质便利的服务，以供相关人员开展见解更深的研究。现阶段大数据的主要特征可概括为“4V”，即大容量—多样性—速度快—价值性，这四个特征对我国教育产生了深刻的影响。

一、大数据技术给高校学生教育管理模式带来的影响

（一）从事后控制逐渐转变为预防

虽然在长时间发展过程中，我国大部分高校在学生教育管理等方面形成了相对比较完整的教育管理应急机制，以便在发生突发事件时灵活应对、对危机进行处理和干预。但是，在现实中，突发事件及危机事件的发生并不是固定的，具有一定的随机性。对于高校学生教育中的突发事件与危机事件，学校掌握第一手资源是通过学生提交报告、辅导员定期排查而了解的，其中预测评估的方式具有一定的滞后性，导致危机事件发生时，事态已经较严重。除此之外，学校在此方面有时还会出现管理疏漏的情况。而在大数据环境下，学校与师生都可以依靠可穿戴设备、移动智能终端设备、互联网行为记录、社会活动行为记录等技术手段记录自身的思想、行为等，这些会以大数据信息形式反馈到多媒体平台上，帮助学校管理人员第一时间预测各学生在未来的思想行为发展趋势，掌握主动权，在危机事件到来之前准备相应的预防制度和措施。

比如，在美国高校，学生教育管理工作在大数据环境的影响下逐步趋向于个性化，某公司借助大数据技术帮助各高校在开展学生教育管理工作的同时进行“学生系统”数据分析工作，这样学校就可以提前几个月预测学生的期末考试成绩，在此前提下，学校建立了相应的“信息收集、聚焦预测”等一系列教育系统，及时为各级辅导员提供学生学校成绩预警信息，优化学生的成绩管理工作流程，缓解当前辅导员工作中对于学生成绩管理心有余而力不足的现象，提升高校辅导员的预警能力。总之，大数据技术让高校学生教育管理工作逐步向预测前瞻化发展，并且预测结果愈来愈准确，推动高校学生教育管理工作模式转变。

（二）从各自为政到整体协调

首先，大数据时代的到来为我国高校学生管理工作提供了更高效快捷的教育管理技术和理念，这些由分散到整体型的教育管理系统正在对我国新一代大学生产生非常深刻的影响，改变一代又一代新青年思想，约束他们的行为。与此同时，在大数据时代，不仅对高校学生的个人素养产生积极的影响，而且能提高各高校学生教育管理者的思想境界。其次，我国部分高校学生教育管理工作由“领导大力要求、呼吁，基层教育工作人员却流于形式”。虽然部分高校内部的学校、学院等党委行政教务部都参与其中，各学工办、团委等也按要求配合，维持着高校学生教育管理工作的正

常运行，但是在信息管理系统、教育管理平台的建立和完善上还存在一些漏洞，致使一些高校在进行学生教育管理工作时资源共享效率较低，上下级及各部门之间较缺乏沟通，同级部门之间的协作力度不够。大数据时代的到来缓解了这一现状，为高校学生教育管理工作提供了现实实施条件及可行性。借助大数据技术建立资源共享的大数据平台，可以有效消除以往学生教育管理工作中的“数字鸿沟”和“信息孤岛”，将资源共享落到实处；在大数据信息平台的连接和约束下，各级部门跳出之前“各自为政”的工作状态限制，整合来自多个渠道的数据信息，有效开展跨部门之间的分工协作、相互促进。大数据技术下产生的大样本、数据分析结果，摆脱以往管理工作模式之下对于管理工作者的思维束缚，让简单化、碎片化的数据分析整合成为具有一体性的思维模式，有效推动高校教育管理决策的系统化、精准化。

（三）从一成不变到动态调整

就当下而言，我国高校在进行学生教育管理工作时大都以静态的工作模式为主，所有工作流程都按部就班，一切事务都以规章制度为参照，严格按照程序办事。在这种工作模式之下，学校的学生教育管理工作并未根据实际的教育环境及学生的动态变化和需求对教育管理方式进行适时的调整，在管理模式的灵活性方面存在一定的漏洞。学生教育管理工作过程中涉及的学生行为管理、学习管理、生活管理等信息资料大多是在学生考上大学之后填写的学生登记表等内容，学校在后期并没有对这些资料和学生的具体行为数据进行分析整合，仅仅起到记载学生信息的作用，并未衍生出更多有用的管理价值，造成一些有用学生资料信息的功能不能充分发挥。但事实上，高效的学生教育管理工作制度和方式应该根据具体的环境、对象做出灵活应对。大数据为高校学生教育管理工作改革提供现实的可能性，以便高校在自身管理过程中实现动态化管理模式，可以借助大数据技术的可视化分析功能、预测性分析功能、数据质量等对现有有限的数据进行挖掘、分析、扩展，研究学生的个人成长轨迹并做出客观评价。高效的教育管理工作会逐渐从教育方面入手，逐步实施精准、快速、便捷的管理模式。

（四）从单向灌输到双方互动

有学者曾提出，世间的任何一个系统都是从无序向有序不断发展变化的，关键是不是发展的平衡，而是包含的各子系统之间的协同作用，在此作用下会形成相应的自组织结构。目前，我国高校在学生管理工作中大都呈现出一种“内卷化”的发展趋势，也就是说学生教育管理模式在经历几十年发展之后，已经基本成型，具有模式化的特点。呈现出自我复制、停滞不前、难以随着时代的发展变化。这种“内卷化”的管理模式，在高校学生教育管理过程中主要体现出单向化、压力化和维稳化的特点。由于高校对学生管理工作的稳定性非常重视，使学生教育管理人员的压力与日俱增，并且没有一定的标准作为参考，在具体实施管理工作中心中无底。管理者在工作中只能依靠上级派发的各种执行文件政策确定自身的管理行为和方法，导致整个工作的创造性极低。大数据技术的有效引入，改变了以往单向的高校学生教育管理模式，为学生教育管理人员开展互动参与的教育管理模式开辟了平台、提供了条件。在大数据技术手段的支持下，各学校教育管理人员与学生之间进行深入、有效的互动交流，并且全体学生获得随时随地参与学校教育管理治理的机会。教育管理工作者做到有据可依、对管理工作的力度和方法有明确的把握，在工作中将简单的执行行为转化为创新探索行为，将以往工作模式下的任务压力转化为个人工作动力，将工作方向由单向转化为互动，实现高校学生教育管理工作的协同化发展。

对于高校学生教育管理而言，大数据对其主要产生以下几点影响。第一，学校教育思维和观念的变化，深刻影响学生对于世界认知方式及自身的人生观、价值观等。而高校学生教育管理为了充分适应全体学生的世界观、价值观的发展，必须在开展管理教育工作的同时对自身教育理念进行全面化的改革、优化，尽量采用兼容性的思维模式、保证学生教育管理模式的多样化。第二，各高校在大数据环境下要积极改变自身对教育主体的定位与认知。对于高校学生教育管理工作人员而言，更应该具备对所有高校学生的数据信息关注和分析能力，切实掌握每一个个体的信息变化，而不是在全体学生中随机抽样管理，高校在学生教育管理工作中务必提高对学生数据混杂性的重视，高度重视对学生数据信息之间关联性的管理。第三，高校在实行学生教育管理工作时，要注重大数据环境下客体的变化。在对大数据进行收集的基础上，学校教育者应该借助量化自我的大数据技术，在教学管理中开展反思性学习、在教育实践中开展游戏性学习，这样高校受教育者在学习过程中的自主性会得到显著提高。第四，在大数据环境下，高校学生教育管理工作的教育载体产生很大的变化，具体表现在数据化、海量化、复杂化、动态化等方面。与此同时，高校思想政治理念在潜移默化中受到影响，明确、正确的思想形态正在高速传播，表现出迷你化、精简化、细分化的发展趋势。第五，高校学生教育管理工作在大数据环境下自身教育理念和手段发生改革与优化。通过现代社会生产下的大数据技术，人类的主观精神世界在传统的思维模式上得到进一步深化，可以像客观物质世界一样，在生产生活中借助大数据对事物进行定量分析和评价。

二、大数据视域下高校学生教育管理的创新举措

（一）积极构建学生教育管理大数据平台

高校在采用大数据技术开展学生教育管理工作的同时，应该对社会上的各种机构、学校内部的教育部门、学校、院系和班级等分散单位进行有效关联和整合，实现大数据平台之下的教育管理资源共享，形成共用的大数据教育管理信息载体。

（二）灵活运用大数据学生教育管理方法

在大数据模式之下，高校要采取数据研究、整合分析等手段，对学校的学生教育管理工作实行大数据环境下的建模分析，创建大数据技术支撑之下的教育决策、管理和评估系统。同时，为了保证教学管理方法的与时俱进性，各高校还要积极对预测预防、跟踪反馈、评估机制等大数据管理模式和科学路径进行研究改革、优化。

（三）培养教育管理人员的大数据素养

高效的学生教育管理工作仅仅依靠大数据技术是不够的，还应该有专业教育工作者的配合。高校应该严格管理教育管理工作人员的核心素养，定期对其进行培训，除了保证教育管理者有良好的大数据意识与对数据进行定位的能力外，还要培养他们的信息采集能力、分析、解读能力，帮助他们形成后期对大数据进行反思与决策的能力。此外，还要树立管理人员的观察引申理念，在工作中对有效信息敏感察觉、在整理之后展开分析。

（四）促进高校教育管理数据协同共享

高校要实现数据资源的共享，就要保证自身大数据信息不被垄断，确保自身在合法渠道之中实现学生教育管理信息的数据资源共享。除此之外，高校还应该积极地推动数据平台、网络平台之间的互联互通，对自身教育管理工作中大数据信息加强保护措施，增强风险意识，对于管理工作中可能出现的危机要及时防范，以防数据信息外漏。保护学生的个人隐私，确保大数据管理模式在法律的约束之下进行。

大数据时代的到来，不仅为我们的生活带来了方便，更对我们的教育产生了深远的影响，在大数据时代的带领下，我国高校学生教育管理模式发生了质的转变，但在此过程中，相关管理人员应该借助科学的手段科学地管理，不断在大数据平台下开展创新管理，推进我国高校学生教育管理工作的整体发展。

第五节　教育大数据在高校的发展趋向

在数字时代，人类社会在真实世界与虚拟空间中各类交互活动将会产生多维数据。虽然孤立的数据意义不大，但是，如果是大数据经过关联、聚类、融合、可视化，就会折射出与真实世界相对应的虚拟映像或镜像，进而能发现具有价值性的规律及前瞻性的趋势。为了推动大数据产业发展，我国推出了“互联网 +”行动计划、《关于促进大数据发展的行动纲要》《大数据产业发展规划（2016—2020）》等战略。大数据在社会治理体系中将迸发无限潜能，要建立健全大数据辅助科学决策和社会治理的机制，推动政府管理和社会治理模式创新，实现政府决策科学化、社会治理精准化、公共服务高效化。

同样，以大数据技术为代表的信息通信技术也正与教育深度融合，如“三通两平台”工程（三通——校校通、班班通、人人通；两平台——国家教育管理公共服务平台和国家教育资源公共服务平台）的持续推进，以及数字（智慧）校园建设、“互联网 + 教育”不断深入，海量的教育数据在被动地、主动地或自动地生成、汇聚与融合，形成教育大数据。2017 年，教育部颁布了《国家教育事业发展“十三五”规划》，其中多处提及教育大数据在教学、学习、管理、评价、决策服务中的重要作用：“鼓励学校利用大数据技术开展对教育教学活动和学生行为数据的收集、分析和反馈，为推动个性化学习和针对性教学提供支持，支持各级各类学校建设智慧校园，综合利用互联网、大数据、人工智能和虚拟现实技术探索未来教育教学新模式。鼓励高等学校基于互联网开展学历与非学历继续教育。加快教育大数据建设与开放共享。建构基于大数据分析的质量监测机制。推动各级教育行政部门和学校开展深度数据挖掘和分析，运用互联网、大数据提升教育治理水平，更好地服务公众和政府决策。”不言而喻，教育大数据将在我国教育改革和发展中扮演非常重要的角色和产生积极的影响。

在教育领域，尽管教育大数据的关注度显然已经开始增加，正在成为高等教育创新发展的新型驱动力，在高等教育中的应用方兴未艾，但其仍然是一个待深入实践的领域，并且作为大数据技术、平台和人才的集聚“高地”——高等学校，在教育大数据助力高校科学管理方面却存在应用层面的“洼地”。本研究立足于安徽省高校大数据研究中心的调研及数据，分析了当下高校教育大数据采集、分析、应用和管理等方面的问题，提出教育大数据在高校科学管理上的发展建议。

二、高校应用教育大数据面临的主要问题及溯因

尽管大数据在各行各业的应用层出不穷，高校教育大数据的应用和管理仍然存在不少问题。

（一）高校“数据孤岛”的现象依然存在

所谓数据信息孤岛，指的是一个个相对独立的不同类型、不同学科的数字资源系统，各系统相互封闭、无法进行正常的信息交流，犹如一个个分散、独立的岛屿，“数据孤岛”困境在高校主要表现为两方面：一方面，高校各部门相互独立，彼此间数据权属分割、相互孤立，形成了物理隔离的“数据孤岛”；另一方面，高校各部门部署的数据收集系统异构且互不兼容，从而形成逻辑上“数据孤岛”。在安徽省高等学校中，由于历史原因和技术因素的影响，高等学校内部有“数据孤岛”现象，校际间、区域性“数据隔阂”始终存在。如校内教学、管理、后勤等数据系统分属不同部门，难以连通和融合的现象比较普遍，校际和区域高校间的数据连通和融合尚未启动。究其原因，可从主客观两方面分析。主观上，部门的本位主义思想以及管理者缺乏数据互联互通的意识、思维和担当，是高校“数据孤岛”形成的重要原因；客观上，技术在较长一段时期内不断迭代，导致出现了部门间开发的系统异构、底层数据库互不兼容等问题，“数据孤岛”形成的历史原因较为复杂。类似的问题，也存在于校际间和区域高校间大数据的互联和融合当中。

（二）高校教育大数据应用发展缓慢

国家高度重视高校基础性大数据的建立，促进高校数据资源标准化，以实现连通和融合，但主要是基础性、静态性、归档类数据。缺乏复杂性、动态性和多维度的大数据分析和聚合，难以应对瞬息万变的高维的、宏观的、系统的科学管理决策需求。尽管高校的大数据应用环境已现雏形，仍难掩高校大数据应用意识、思维、方法、能力等方面的滞后或不足。主要原因如下。

（1）大数据应用意识较弱。大数据是新生事物，高校管理者大都知晓大数据已在商业、医疗、军事等行业发挥的作用，但是并不都能真正理解或信任大数据在辅助科学管理上所能提供的支持。

（2）大数据处理能力不足。一是，大数据助力高校科学管理需协调好大数据应用涉及的各个方面，如大数据系统的统一部署（高校图书管理系统、教务管理系统、

校园网络系统等)、大数据技术应用、大数据人才队伍建设等。二是,在实际应用中需具备强大的大数据技术处理能力,数据来源通常多样化,大数据的实施需要处理多方数据来源,其中数据可能是源于不同的格式和模型。

(3)高校资金、技术设备、人才、政策等投入不足。多数高校技术装备陈旧,暂时不愿或无购买先进器材的打算。高校中缺少大数据应用开发人才队伍。高校开设大数据相关专业及课程的授课教师大都具有计算机专业背景,但研究方向并不都是数据分析。专业人才团队的缺乏制约着高校教育大数据深度应用。

(三)教育大数据应用过程中仍存有误区

教育大数据具有大数据的4Vs(大容量,Volume;多样性,Variety;高速性,Velocity;价值性,Value)特征,其最终价值体现在应用与服务之中。但是,在高校教育大数据分析、应用和管理中仍存在一些共性问题,主要分为以下五个方面。

(1)重视与高校管理相关数据的分析,但缺乏支持教学和学习的数据分析。大多数高校教育大数据多是关于教师、学生的静态、归档类数据,在具体管理业务中,这些数据的分析能够提升管理效率和管理决策针对性。而教学与学习支持性数据分析欠缺。涉及课堂教学、实验教学、图书阅读、学习咨询等多个截面数据的融合和分析,难度大。且多数教师和学生还没适应大数据的支持性服务,或尚无这方面的迫切需求。

(2)重视群体性与一般性规律的数据分析,忽略了极端性与特殊性数据分析。根据教育大数据分析,可以从中探究教学、学习、管理数据背后的本质性、规律性和一般性的结果,从而为学校教育教学和管理决策提供支持。但在技术上或主观上,有意或无意地忽略了低于预警阈值的极端性与特殊性的数据,使得教育大数据局部或全局中的孤立值或被剔除,可能失去监测、发现和干预异常或突发情况的机会。

(3)重视结果性和静态性数据的分析,缺少过程性和动态性数据的分析。这是因为在教育大数据分析过程中,结果性和静态性数据类型规范、完整,模型易建构,但是教育大数据中,大量高维、异构的过程性和动态性数据(如监控视频、传感器记录、教学数据、实验数据、科研数据等)是教育大数据分析的难点,其模型建构较为困难。

(4)重视高校管理运行中相关业务数据的分析,易忽视师生生活大数据分析。高校中教育大数据重视教学、学习、科研、财务、人事、设备等大数据分析,但有关生活方面大数据关注不够,如娱乐、购物、休闲、交友、旅游等生活大数据,还有水、电、气等能耗大数据。这些大数据分析可为师生生活提供帮助，提高高校后勤精准服务的效率。

（5）重视高校内部环境的数据分析，而轻视外部舆情数据的分析。高校教育大数据分析主要是校内各层面的数据，但外部舆情（正向或负向）对高校的社会声誉影响较大。高校教学、管理和社会服务并非闭环运作，如一些事件应对失当，引发负面舆情，后果较为严重。通过校外大数据动态监控，态势感知，高校及时预警、应对，可减少事件舆情的负面影响。

（四）教育大数据应用存在伦理与安全风险

这是大数据时代的共性问题，华东师范大学赵中建教授指出大数据教育应用存在伦理威胁，如隐私泄露对人格尊严产生侵害、过往数据对个体发展有一定束缚等，湖南师范大学教授唐凯麟等也指出大数据背景下的个人隐私伦理存在失范问题，主要表现为个人身份信息、个人行为信息以及个人偏好信息的泄露等三大方面，如可以获取到学生的学号、性别、年龄等基本信息，亦可收集到学生何时出入学生食堂、图书馆等隐私信息，依据这些数据从而判断学生的学习生活偏好。大数据的开放、共享、收集、分析、应用等将会涉及隐私、伦理与安全。究其原因，国家层面的法律法规建设还没有跟上大数据的迅猛发展；主管部门还没制订统一的（教育）大数据相关规范和标准；高校教育大数据系统运营者、分析者、决策者等还没意识到大数据中的隐私、伦理和安全风险，也缺少相应制度约束、权限设置和作业规范指南。而且正因为出于对教育大数据风险的考量，也阻滞了高校内部间数据的共享与融合。

三、科学管理：高校教育大数据应用的重要领域

高校教育大数据虽进展缓慢，但在高校科学管理上应用条件成熟，成为未来发展的重要领域。具体表现为：可以为高等教育的战略决策提供精准、有效和可靠的数据支持；可以助力高等学校的教育管理从经验型、粗放型、封闭型向智能化、精细化、可视化转变；可以构建多维度的科学评价体系促进高等教育评价精准性、科学性、客观性；可以为教师和学生提供科研、教学、学习和生活等方面的精准服务。

（一）高度重视教育大数据在科学管理中的潜能

教育数据挖掘和学习分析领域正在开发一系列已建立研究领域的标识符，并且大数据应用超越以往有限经验和小众数据决策，走上全数据分析、多维可视化的科学决策支持，大数据技术并非仅其本体而已，而是以大数据技术为代表的技术集群，

如云计算、人工智能、移动互联网、物联网以及区块链等。大数据，既是大数据集本体，也是大数据思维、大数据方法、大数据技术、大数据系统、大数据环境之综合。大数据应用超越以往有限经验和小众数据决策，提供全数据分析、多维可视化的科学决策支持。因此，要充分认识到教育大数据在高校治理体系过程中所具有的支持性、服务性、变革性的重要作用，重视其在高校科学管理中精准决策、精准教学、精准学习、精准管理、精准评价、精准服务的多元潜能。

所以，通过有组织的系统培训、参观等多种学习形式，提升高校管理者、教育者对于大数据本质的认识，充分认识到教育大数据在高校科学管理中的作用和潜能，并在高校管理实践中使重视大数据应用成为在意识、思维、方法和行动上的自觉。

（二）理顺高校教育大数据发展体制机制

运用大数据提升国家治理现代化水平。要建立健全大数据辅助科学决策和社会治理的机制，推进政府管理和社会治理模式创新，实现政府决策科学化、社会治理精准化、公共服务高效化。这也为推动教育大数据发展明确了方向，即高校教育大数据的发展应该建立起辅助科学决策的体制和机制。

（1）推动教育数据的开放共享、互联互通、融合和聚合，推动高维大数据的形成。无大数据集，大数据分析也是“巧妇难为无米之炊”。所以，要打破教育数据之条块分割藩篱，建立教育数据开放共享、互联互通机制；推动建立统一的高校底层数据库元数据标准格式和规范；促进高校教育大数据校内各部门融合、数据关联，进而实现校际连通、区域教育数据一体化。

（2）建立高校教育大数据分析和应用规范、伦理与安全保护机制。高校教育大数据关系着师生多维度隐私数据，处理不慎将会导致不可逆的后果。因此，构建大数据分析与应用规范，为高校教育大数据分析与应用扎起制度的“笼子”。既为高校科学管理提供强大的分析、决策支持工具，也为保护师生对象隐私和数据安全提供规范性保障。

（3）强化高校教育大数据分析和应用的保障体制。高校教育大数据分析是一个系统性、全局性的工作，既包括学科性、技术性、平台性等业务性工作，又涉及全域性、协调性、筹划性等管理性工作。需要多学科的人才、专业的设备、持续性的资金投入保障，因此，需要从战略高度，对高校教育大数据分析和应用予以体制性的保障支持。

（三）建立教育大数据支持科学管理的工程体系

（1）将大数据分析分别与高校中的垂直管理和横向业务联系充分融合起来，形成“数描高校”（seeing everything in university through big data）。所谓“数描高校”，也即通过大数据分析方法，将高校中的人、财、物以及各类事件、活动、过程和现象进行可视化，形成虚拟镜像或虚拟影像，实现“数描高校”。它既是对高校各类主体、实体进行静态地“画像”，也可对各类活动或过程开展动态地“摄像”。其可细分为：

“数据 + 领域”——将大数据分析与高校教育中的学习、教学、管理、科研、学科专业等领域结合起来，从而分析高校大学生的学习、教师的教学、管理层的管理、图书阅读、后勤饮食等方面，为相关教育管理提供最优化的决策和服务支持。

“数据 + 主体”——将大数据分析与高校教师、学生、管理者等主体联系起来，目的是分析高校各类主体在高校中的群体性行为、现象后的规律、未来的发展趋势。另外，在保护隐私和伦理约束的情况下，可对相关取向较极端的个体进行“画像”，为早期的预警、干预提供数据支持。

“数据 + 过程”——大数据分析的方式也是多元的，如可以对某个客体（事件、现象、主体、部门）在时间剖面上的数据进行分析，得到的结果就是关于该客体的静态“画像”，进而为高校管理者提供相关客体的静态特征、影像等。更为重要的是，大数据分析与相关客体在时间轴上的数据进行结合，从而形成该客体动态变化过程的影像，为高校管理提供全面的决策和服务支持，在此基础上，教育大数据分析能为高校管理提供预测性、前瞻性支持。

（2）完善高校科学管理的工程化支撑体系。大数据时代，还应破除“唯数据论”或“数据决定一切”的观点，应建立科学的管理工程体系。由于数据分析是一门科学，理解分析的基本原则，掌握可视化数据的方法，甚至还有一些特殊领域需要具备直觉、创造力、常识和特定应用知识等，因此，该体系应使大数据的“数描方法”与专家决策（专家知识的推理、判断和预测）相结合，即“大数据分析—专家智慧”相结合，也是客观分析与主观判断相结合，将大数据分析结果与专家智慧（领域的专长知识）相结合，高校管理者在“大数据分析—专家智慧”的建议基础上，进行科学规划和决策。

如今，信息技术正在创造一种新的生活方式，教育领域每天都会产生大量数据或现有数据更新迅速，正确处理数据管理人员可能会挖掘出有关教育各元素中蕴藏的新的知识与内涵，从而使各主体能够及时应对新出现的机遇和变化。在高校管理方面亦是如此，根据大数据技术以及基于大数据的数据科学技术，驱动高校管理决策，增加透明度，可以显著提高管理绩效。然而，数据科学仅是一辅助工具，真正的高校科学管理之法源于教育本身，研究者需积极探索，融入更加确切的考虑，以便数据科学有力地实现其潜力，助力高校科学化发展。

参考文献

[1] 曾瑜，邱燕，王艳碧．信息化背景下高校学生管理工作法治化研究 [M]. 成都：西南交通大学出版社，2016.

[2] 刘伦．信息化背景下高校学生管理制度创新探索 [M]. 重庆：重庆大学出版社，2006.

[3] 孟宣廷．高等学校学生管理法制化研究 [M]. 大连：大连理工大学出版社，2005.

[4] 王凤彬，李东．管理学 [M]. 北京：中国人民大学出版社，2000.

[5] 陈丹红．大数据时代高校学生工作创新探究 [J]. 教育教学论坛，2018（35）：13-14.

[6] 陈锦山．高校学生事务管理模式的建构——评《高校学生事务管理模式创新》[J]. 新闻与写作，2017（6）：3.

[7] 陈少雄，宋欢．"三大创新"推动高校学生思想政治教育工作化无形为有形 [J]. 高教探索，2018（8）：104-106.

[8] 董玲娟．新媒体视角下对大学生心理健康教育的创新——评《大学生心理健康教育（第 4 版）》[J]. 新闻爱好者，2018（12）.

[9] 范晓，倪婷．大学生党员教育管理创新探索 [J]. 才智，2018（34）：37.

[10] 方雪梅，李杰．新媒体环境下高职院校核心价值观教育的路径选择 [J]. 职业技术教育，2018，39（20）：58-61.

[11] 顾赟，林丹．高校网络舆情视域下的大学生思想政治教育 [J]. 教育与职业 2016（15）：40-42.

[12] 郭军．基于创新能力培养的教学管理改革研究 [J]. 湖北函授大学学报，2019，32（4）：3-4.

[13] 郭立场．新形势下高校学生党支部建设存在的问题及对策探析 [J]. 中州学刊，2019（3）：17-21.

[14] 韩雪青，高静毅．大学生思想政治教育"主渠道""主阵地"协同育人探究 [J].

学校党建与思想教育,2018（3）：22-24.

[15] 胡玉冰 . 浅析互联网背景下信息化背景下高校学生管理问题的创新 [J]. 神州,2019（3）：105,107.

[16] 花树洋，程继明 . 大数据时代高职院校学生教育管理的现状审视及发展对策 [J]. 教育与职业,2019（3）：36-40.

[17] 蒋娟，程志波 .“新时代”背景下信息化背景下高校学生管理工作创新研究 [J]. 中国成人教育,2017（2）：39-41.,